대중매체 스토리텔링 분석론

대중매체 스토리텔링 분석론

2009년 10월 25일 초판인쇄
2009년 10월 30일 초판발행

지 은 이 | 이 상 민
펴 낸 이 | 이 찬 규
펴 낸 곳 | 북코리아
등록번호 | 제03-01240호
주   소 | 서울시 마포구 공덕동 115-13
전   화 | 02) 704-7840
팩   스 | 02) 704-7848
이 메 일 | sunhaksa@korea.com
홈페이지 | www.sunhaksa.com

값 10,000원

ISBN 978-89-6324-043-5(93300)

대중매체 스토리텔링 분석론

이상민 지음

북코리아

〽〽〽 머리말

스토리텔링이 그 어느 시대보다도 강렬한 매력을 발산하고 있다. 스토리텔링은 우리가 보는 디지털 영화에, 휴대폰에 매달은 애니메이션 캐릭터에, 음악이 흘러나오는 핑크빛 아이팟 등 곳곳에 스며들어 숨 쉬고 있다. 우리는 스토리텔링이 들어 있는 콘텐츠를 통해 시대의 감성을 공유하고, 타인과 소통하며 자신의 정체성을 찾아가는 기회를 갖는다. 스토리텔링은 상징적 의미를 담아 내는 체계로, 이를 통해 소통의 장을 마련하는 기반으로 작용한다. 스토리텔링은 자신을 표현하는 수단이 되기도 하며 타인을 이해하는 도구가 되기도 한다.

스토리텔링은 사람과 사람 사이를, 공간 속을, 시간 위를 흘러 다니며 콘텐츠의 경계를 허물고, 이야기의 확장을 가져오고 있다. 스토리텔링은 더 이상 창작자와 소비자를 구분하지 않으며 문학이나 예술의 영역에 갇혀 있지도 않다. 스토리텔링은 우리들의 호기심을 자극하여 거부할 수 없는 몰입의 세계로 이끌어 간다. 몰입의 단계에서 스토리텔링은 경제적 가치를 창출해 내는 기반이 된다. 그렇기에 스토리텔링은 콘텐츠 산업을 이끄는 원동력이 되어 오늘날 새롭게 주목받고 있는 것이다.

스토리텔링은 미디어 기술과 밀접한 관련을 갖는다. 미디어는 스토리텔링을 담아 내는 그릇이다. 문자미디어에 담긴 스토리텔링은 소설로 구현되었고, 영상미디어에 담긴 스토리텔링은 영화나 애니메이션, 드라마가 되었다. 디지털 미디어에 담긴 스토리텔링은 게임과 웹 기반 콘텐츠 등으로 만들어졌다. 이렇듯 미디어 기술의 발전에 따라 콘텐츠가 변화되었고, 스토리텔링의 창작과 향유 방법도 달라졌다. 소설을 '쓰는' 소설가, 영화를 '찍는' 감독, 게임을 '만드는' 제작자들의 창작 방법이 각기 다르듯이, 소설을 '읽는' 독자들, 영화를 '보는' 관객들, 게임을 '하는' 게이머들의 향유 방법도 각기 다르다. 또한 같은 스토리텔링을 담아 내고 있더라도 어떤 콘텐츠를 접하느냐에 따라 소비자는 서로 다른 경험을 하게 된다. 좋은 스토리텔링은 기술과 스토리가 얼마나 잘 결합되어 있느냐에 따라 결정된다. 좋은 스토리텔링은 기술이 잘 녹아 있는 스토리텔링을 말한다. 기술이 스토리텔링을 압도하거나 스토리텔링이 기술을 압도하는 것은 좋은 스토리텔링이라 말할 수 없다.

이러한 맥락에서 이 책은 스토리텔링이 미디어 기술의 발전에 따라 전통적 스토리텔링, 비주얼 스토리텔링, 디지털 스토리텔링으로 변화되어 온 과정을 통찰해 보고, 미디어 컨버전스 시대에 나타나는 트랜스미디어 스토리텔링과 공간 스토리텔링의 개념과 특성을 탐색하는 데 초점을 두었다. 이 책은 스토리텔링의 특성과 전통적 비주얼 스토리텔링의 사례, 디지털 스토리텔링의 등장 배경과 미디어 기술의 발전, 미디어 컨버전스를 통한 새로운 스토리텔링의 등장, 콘텐츠 산업으로서 스토리텔링의 위상 등 네 부분으로 구성되어 있으며, 이론적 논의와 콘텐츠 분석 사례가 함께 이루어질 수 있도록 하였다.

문화에 대한 남다른 감성으로 새로운 분야에 대해 끊임없이 지적 호기심을 자극시켜 주시는 임학순 교수님께 이 자리를 빌어 깊은 감사의 마음을 전해 드린다. 그리고 문학에서 스토리텔링으로 학문 영역을 확장시켜 주시고 조언을 베풀어 주신 송성욱 교수님께 깊이 감사드린다. 아울러 짧은 시간 내에 책으로 엮어 주시며 배려해 주신 북코리아 이찬규 사장님께도 감사의 인사를 드린다.

늘 그렇듯이 따뜻하게 내 마음을 안아 주시는 부모님께 이 책을 바친다. 내게 행복을 가져다주는 찬윤이에게도 고마움을 전한다.

2009년 10월
이 상 민

⋀⋀⋀⋀ 차례

제1장
우리는 늘 스토리텔링을 원한다

1. 왜 스토리텔링인가

우리의 하루는 이야기로 시작해서 이야기로 끝이 난다. 아침에 눈을 떠서 밤에 잠자리에 들 때까지 이야기를 나누고, 심지어 잠을 자면서도 문자를 주고받는다. 가족과 친구와 동료와 얼굴을 맞대고 전화로, 문자로, 메일로, 메신저로, 화상으로 이야기를 보내고 받는다. 때로는 얼굴도 이름도 모르는 정체불명의 닉네임과 채팅을 하기도 한다. 누군가가 인터넷에 올려놓은 상품 후기를 읽으며 내 이야기도 누군가가 읽으라고 열심히 올려놓는다.

이뿐만이 아니다. 할머니 무릎에 누워 조근조근 들려 주는 옛이야기에 푹 빠져 있던 아이들은 이제 주니버, 야후꾸러기가 들려 주는 동화 세상 속으로 들어간다. 스타벅스 로고가 새겨진 커피를 마시고, 김연아의 일상이 담겨 있는 햅틱 핸드폰을 들고 다닌다. 주말에는 테마파크로 놀러 가고, 〈매트릭스〉를 영화로도 보고 게임으로도 즐긴다.

우리의 하루는 끝없는 이야기의 연속이다. 다양한 미디어를 통해 끊임없이 이야기를 생산하고 소비한다. 이제 우리의 '이야기하기' 욕망은 소설과 영화 속에서 벗어나 게임, 상품, 이미지, 지식, 공간 등등에 이르기까지 넘쳐흐르고 있다.

우리는 지식과 정보를 얻기 위해 백과사전을 꺼내는 것이 아니라 자신의 경험을 바탕으로 축적된 네이버 '지식in'으로 들어간다. 딱딱한 사전적 지식보다는 감성과 체험을 기반으로 하는 지식과 정보에 더 이끌리는 것이다. 기정사실화되어 있는 사전 속 지식보다는 지금 이 순간, 내게 답을 해주는 실시간 응답에 우리는 만족한다.

왜일까? 우리는 왜 이야기가 들어 있는 상품을 소비하고, 이야기가 들어 있는 공간에 들어가고, 알지 못하는 이와 이야기를 주고받는 것일까? 우리는 왜 이야기가 들어 있는 콘텐츠에 열광하는 것일까?

(1) 스토리텔링의 개념

'이야기하기'는 곧 스토리텔링storytelling이다. 스토리텔링은 '이야기story'와 '말하기telling'로 이루어져 있다. 스토리텔링이야기하기은 어떤 사건이 진행되고 있는 이야기를 서로 주고받는 행위와 과정을 말한다. 이인화는 스토리텔링은 사건에 대한 진술이 지배적인 담화 양식이라 말하며, 스토리텔링은 스토리, 담화, 이야기가 담화로 변하는 과정의 세 가지 의미를 모두 포괄하는 개념이라고 설명한다.[1] 다시 말해 스토리텔링은 이야기를 전달하고 공유하고 나누는 행위와 과정을 지칭하는 것이다.

최신 제품을 사는 순간 구제품이 될 정도로 기술 발전의 속도가 빠른 이 시기에 새삼스레 선사 시대의 캠프파이어에서 기원을 찾고 있는 스토리텔링이 부각되는 이유는 무엇일까? 그것은 인간의 욕구와 시대적·사회적 변화, 그리고 기술 발전의 삼박자가 잘 맞았기 때문이다.

첫째, 인간에게는 본래 이야기를 하고 싶어 하는 욕구를 가지고 있다. 이야기에는 로버트 맥기가 말하는 '스토리 밸류story value'가 있다. 그가 말하는 스토리 밸류란 시대와 문화를 초월한 인간 경험의 보편적 자질을 말한다. 협의의 스토리 밸류는 한 순간에서 다음 순간으로 넘어가는 긍정적·부정적 변화를 야기하는 상반된 특성들, 삶과 죽음, 사랑과 증오, 자유와 구속 등을 의미한다.[2] 예를 들어 〈신데렐라〉에서 우리의 관심은 신데렐라가 계모의 괴롭힘을 당하며 고생을 하지만 왕자를 만나 사랑을 이루게 되는 과정에 있다. 우리는 그 이후의 이야기에는 별 관심이 없다. 동화책에서도 신데렐라와 왕자님은 오래오래 행복하게 살았다는 한 문장으로 압축해서 설명해 주고 끝이 난다. 왜냐하면 스토리 밸류가 계모의 미움을 받던 신데렐라가 왕자의 사랑을 받게 되는 과정에 있기 때문이다.

둘째, 지식기반 사회에서 감성기반 사회로의 변화가 스토리텔링의 열풍을 몰고 왔다. 리얼리즘이 팽창했던 근대 사회에서 우리는 당대 시대적·사회적 고민을 담은 이야기를 접해 왔다. 이때에는 상상력이 넘치는 이야기보다 현실에 기반한 리얼리즘 문화가 지배적이었다. 지식기반 사회에서는 객관적이고 검증된 지식과 정보가 우선되었기 때문이다. 그러나 감성기반 사회로 전환되면서 이야기는 현실을 뛰어넘는 상상의 세계로 뻗어나가기 시작했다. 마치 근대 이전에 바닷속을 여행하고 하늘나라를 날아다니던 그 시절마냥 무한한 상상력을 가진 이야기가 다시 주목받게 된 것이다. 이제 이야기는 더 이상

리얼리즘만을 기반으로 삼지 않는다. 이야기는 창조적 감수성을 지닌 계급에 의해 새로운 세계를 형성하는 것이다.

셋째, 디지털 미디어 기술의 발전은 인간에게 스토리 밸류를 가진 이야기를 담아낼 수 있는 다양한 길을 만들어 주었다. 과거에는 이야기를 담아낼 수 있는 미디어가 소설과 영화 등 몇몇에 한정되어 있었고, 창작자와 소비자의 구분이 명확했다. 그러나 지금은 다양한 디지털 미디어를 통해 여러 가지 방법으로 이야기의 생산과 소비가 가능하며, 다룰 수 있는 이야기의 폭도 넓어졌다.

(2) 스토리텔링의 특성

스토리텔링은 현장성, 반영성, 유동성, 즉시성, 축적성의 다섯 가지 특성을 가지고 있다. 현장성은 스토리텔링이 과정 중심의 성향을 가지고 있는 것을 말한다. 이는 스토리의 발화가 끝이 난 것이 아니라 과정^{ing}에 있다는 말이다. 다시 말해 현장성은 '지금 이 곳에서 일어나는' 이야기를 담아 내는 것이다. 반영성은 스토리텔링이 독자, 청자, 관객, 사용자의 반응을 감지하여 행동하는 특성을 말한다. 창작자의 의도는 반영성에 의해 많은 부분 수정될 수 있다. 그러나 반영성은 서사의 흐름을 변화시킬 뿐, 창작자와 소비자의 관계는 그대로 유지된다. 유동성은 스토리텔링의 무정형적 성질을 말한다. 스토리텔링의 유동성은 그것을 담아내고자 하는 미디어의 유형에 따라 내용과 형태가 달라지는 것을 의미한다. 즉시성은 스토리텔링이 디지털 미디어 기술의 발전으로 인해 시공간을 초월하여 실시간 상호작용이 가능한 성질을 말한다. 축적성은 사용자 간의 상호작용^{interactivity}에 의해 스토리텔링이 생성과 소멸을 반복하는 성질을 말한다. 축적성은 반영성과 달리 창작자와 소비자의 경계를 해체시켜 놓는다.

(3) 스토리텔링의 영역

스토리텔링의 영역은 시대에 따라, 콘텐츠에 따라, 미디어에 따라 나눌 수 있다. 시대에 따라 전통적 스토리텔링, 비주얼 스토리텔링, 디지털 스토리텔링으로 구분된다. 전통적 스토리텔링의 중심 콘텐츠는 소설이고, 비주얼 스토리텔링의 중심 콘텐츠는 영화, 애니메이션, 드라마 등이다. 디지털 스토리텔링은 게임, 미디어 아트, 소셜 네트워크 등이 중심 콘텐츠가 되었다. 시대에 따른 스토리텔링 구분은 미디어의 기술 발전 과정과 유사하다. 미디어의 발전은 곧 콘텐츠의 발전으로 이어졌고, 스토리텔링의 창작 방법에 변화를 가져 온 것이다.

　콘텐츠에 따라서는 소설, 영화, 애니메이션, 만화, 드라마, 게임, 에듀테인먼트 등의 장르에 의해 구분된다. 또한 이 외에 미디어 컨버전스에 의한 트랜스미디어 스토리텔링, 공간에 테마를 주어 체험적 서사를 탄생시키는 공간 스토리텔링 등이 있다.

2. 전통적 스토리텔링

스토리텔링은 문자 이전의 시대부터 시작되었다. 문자가 생겨나기 전 이야기꾼들은 말을 통해 이야기를 전달해 왔다. 이야기꾼들은 청중들에게 이야기를 이해하게 하고 몰입을 유도하기 위해 반복과 과장을 섞어가며 이야기를 엮어 냈다. 이때 스토리텔링은 이야기를 구연하는 화자와 듣는 청중 간의 상황에 따라 조금씩 다른 형태로 나타났고 정해진 틀이 없이 다양한 버전으로 생성되었다. 이야기는 듣는 사람의 반응에 따라 부풀려지기도 하고 생략되기도 하면서 변화를 겪게 되지만, 그렇다고 이야기의 전체적인 구조가 변하는 것은 아니었다. 그것은 이야기의 중심 구조를 유지하면서 다층적 변이가 생기는 형태로 나타나게 되었다.

구술문화 시대부터 존재했던 스토리텔링은 본래 집단적인 형태를 갖고 있었다. 이 시대의 스토리텔링은 서로 모여 이야기를 듣고 나누고, 같은 시·공간 안에서 함께 춤추고 노래하며 즐기던 집단적 차원의 것이었다. 문자문화 시대로 넘어오면서 스토리텔링은 개인적인 형태로 바뀌게 되었다. 이 시대의 스토리텔링은 자신만의 시·공간에서 인쇄된 책을 읽고 즐기는 사적인 차원의 것이 된 것이다.

스토리텔링에는 기본적으로 인물, 사건, 배경의 3요소가 존재한다. 창작자가 만들어 낸 허구적 인물은 시간의 흐름에 따라 사건을 경험한다. 이때 사건은 대개 발단, 전개, 위기, 절정, 결말의 5단 구성에 따라 시작되어 끝을 맺는다. 시간의 흐름에 따라 발생하는 사건은 인과관계에 따라 재구성되는데, 이것이 플롯plot이다. 사건이 다양한 층위를 구성하여 향유자에게 흥미와 몰입을 유도하게 만드는 것이 바로 플롯이다.

스토리는 시간의 연속에 따라 정리된 사건의 서술이고, 플롯은 인과관계에 따라 정리된 사건의 서술이란 점에서 차이가 있다. 포스터가 예를 든 것처럼 '왕이 죽자 왕비가 죽었다'는 스토리이지만, '왕이 죽자 슬픔을 못 이겨 왕비도 죽었다'는 플롯이 되는 것이다.[3] 시간의 연속은 보존되고 있지만 인과관계가 강조되어 '왜?'라는 의문을 던지게 만드는 장치가 플롯인 것이다.

글을 서술하는 형태에는 서사, 묘사, 설명, 논증 등의 방법이 있다. 플롯은 주로 서사 안에서 생성된다. 콘텐츠 스토리텔링은 대개 서사와 묘사의 서술 형태로 진행되는데, 서사는 어떤 일이 어떻게 해서 일어났는가에 관심의 초점을 맞추는 기술 태도이고, 묘사는 사물과 일정 현상에 대해 지배적인 인상을 중심으로 해서 그들의 특질과 양상을 그려내는 것[4]을 말한다. 이를 문학은 문자로, 영화는 영상으로, 음악은 음향으로, 미술은 이미지로 각각 예술 장르의 특성에 따라 발전시켜 나갔다. 문자가 생겨나고 인쇄기술이 발전하면서 고정적인 책의 형태로 발전한 전통적 스토리텔링은 이후 영상기술과 음향기술 등이 발전하면서 영화, 드라마, 애니메이션 등의 다양한 형태로 변화하게 되었다.

▣ CASE STUDY 1.
소설 〈뱀장어 스튜〉에 나타난 작중 인물의 의미 구조[5]

〈뱀장어 스튜〉는 2001년 『현대문학』에 발표된 권지예의 소설로, 2002년 이상문학상을 수상한 작품이다. 이 작품은 그림 '뱀장어 스튜'와 한 여인의 삶에 대한 처절함, 음식 뱀장어 스튜의 이미지가 한데 어우러지며 절묘한 경험을 하게 만든다.

피카소의 그림 〈뱀장어 스튜〉에 대한 설명으로 시작하는 『뱀장어 스튜』는 프랑스에서 남편과 함께 살고 있는 그녀가 몇 년에 한 번씩 서울에 있는 옛 애인을 찾아가 같이 밤을 보내지만 결국은 다시 남편에게로 돌아온다는

그림 1.1 피카소의 〈뱀장어 스튜〉

이야기이다. 그녀는 결혼 전에 옛 애인의 아기를 임신했었고, 그 아기는 태어나자마자 그녀의 부모에 의해 외국으로 입양된다. 이 사실을 뒤늦게 알게 된 그녀는 자살을 시도하지만 미수에 그치게 되고, 그녀의 손목에는 제왕절개를 한 배의 자국과 함께 상처로 남게 된다. 그 후 그녀는 프랑스로 건너가 화가인 지금의 남편과 결혼한 것이다.

■ 작중 인물의 문제적 행위

남편과 있을 때의 그녀의 모습과 남자와 있을 때의 여자의 모습은 정반대이다. 그녀는 남편과는 소극적이고 순종적으로, 남자와는 적극적이고 반항적으로 관계를 맺는다. 인간의 극단적인 양면을 적나라하게 보여 주기 위해 작가는 호칭을 바꿔가며 다중성격을 창조하고 있는 것이다. 남편에게 있어 그녀는 쓰라린 과거의 기억에서 벗어나지 못하는 존재이고, 남자에게 있어 여자는 가볍게 쾌락을 즐기려는 존재에 불과하다. 이 양 극단을 아슬아슬하게 오고 가는 그녀는 어느 한 면도 자신의 진정한 모습이라 생각하지 않는다. 때문에 그녀는 더욱 심한 공허감에 시달린다. 그 공허감은 그녀의 몸에 남은 두 개의 상처로 드러난다. 그것은 아기를 낳은 제왕절개 수술 자국과 자살 미수로 생긴 오른쪽 손목의 상처이다. 그녀는 옛 애인에게서 받은 이

상처로 서울을 떠났고, 남편이 이 상처를 감싸주고 이해해 준다고 여겨 그와 결혼한 것이다.

그 상처에는 아이를 버렸다는 죄의식이 그대로 투영되어 있다. 그녀에게 상처는 그녀의 삶을 짓누르는 멍에와도 같다. 그 상처를 치유해 줄 남자를 찾아 떠나는 그녀의 방황은 남편에게서 끝날 것 같았다. 왜냐하면 남편은 그간 어떤 남자에게서도 받아보지 못한 따스함을 느끼게 해줬기 때문이다. 그러나 피부에 난 상처를 핥아 주는 남편의 행위는 성관계를 위한 단순한 전희과정에 불과한 것이었고, 그녀는 사랑의 허울에 배신감을 느끼는 것이다.

이러한 절망감은 파리와 서울을 오가는 방황으로 이어졌고 결국엔 남편을 향한 살의로 변한다. 그 살의는 그녀가 바퀴벌레를 죽이는 행위로 대치된다. 그녀는 집안 이곳저곳에 설치된 바퀴벌레 덫이 매우 잘 짜인 구조물이라고 생각한다. 견고한 벽과 창문, 그리고 먹이까지 놓인 이 덫이 자신의 일신을 구속하는 남편과 동일시된다. 그리고 그 안에 걸려든 바퀴벌레는 자신의 모습으로, 그 알주머니는 예전에 그녀의 임신한 배처럼 보이는 것이다. 덫에 걸린 바퀴벌레의 알주머니를 터뜨림으로써 그녀는 자신의 아이가 이 세상 어딘가에 존재한다는 사실을 강하게 부정하려 한다. 그녀는 어미 바퀴벌레가 죽고 알주머니마저 터짐으로써 생명의 끈이 단절된 불연속적인 존재로 남겨지길 바라는 것이다.

그러나 그녀의 기대와 달리 죽은 어미의 터뜨린 알주머니 속에서는 작은 새끼들이 바글바글 기어 나온다. 어떤 죽음은 어떤 다른 것의 출생과 관계있다. 하나의 죽음은 다른 하나의 출생을 예고하는 것이고, 생명은 다른 생명의 부패의 산물인 것이다. 생명이란 결코 죽음을 벗어날 수 없으며, 죽음에 따르는 부패는 새로운 존재를 태어나게 하는 데 필요한 물질을 순환시킨다. 죽음은 또 다른 생명을 낳게 한다는 점에서 불연속적 존재는 연속성을 지닐 수 있는 것이다. 그녀는 불연속적인 인간이 죽음과 생명의 순환을 통해 연속성을 획득한다는 사실을 인정하지 않으려 한다. 그런데 터진 알주머니 속에서 기어 나오는 새끼들처럼 자신의 아이가 자신으로부터 생명의 연속성을 부여받았다는 사실을 그녀는 거부할 수 없는 것이다.

그런 그녀와 상관없이 작은 새끼들을 아무 생각 없이 죽여 버리는 남편을 보며 그녀는 그가 자신의 상처에 공감하고 있지 않다는 사실을 알고 살의를 느낀다. 남편은 성행위를 하기 위해 자신의 상처가 필요할 뿐이다. 그녀의 깊은 상처와 남편과는 아무런 관계가 없었던 것이다.

■ 작중 인물의 내면적 의미

금기는 인간과 동물을 가르는 하나의 기준이다. 동물은 죽음과 생식과 폭력에 몰두하는 데 반해 인간은 거기에서 벗어나려고 한다. 그것은 금기의 충동이다. 그러나 인간에게는 금기의 충동 외에도 위반의 충동이 있어 인간은 이에 의해 동물과 가까워진다. 인간과 동물을 구분하는 살해에 대한 금기는 때로는 이를 어기고 싶어하는 인간의 욕망을 더욱 자극하기도 한다.

남편은 어린 시절 닭을 죽이던 기억에서 한동안 헤어나지 못한 경험이 있다. 그는 반쯤 잘린 목으로 피를 흘리며 도망가던 닭의 환상에서 벗어난 것은 군대를 다녀온 후의 일이라며, "무언가를 죽여 보지 못한 사람은 무언가를 사랑할 수도 없다"는 말을 한다. 삼계탕을 끓이기 위해 닭을 손질하는 남편은 이제는 어린 시절처럼 집에서 닭을 죽일 필요가 없으니 죄의식을 갖는 소년은 없을 거라고 자위한다. 닭을 죽이는 일은 금기를 어기는 것으로 그에게 큰 공포감을 불러온 것이다. 금기를 위반함으로써 동물과 구분되지 못하는 인간에 대한 두려움이 그를 사로잡은 것이다. 그러나 이제는 삼계탕을 끓이기 위해 닭을 죽일 필요가 없기 때문에 금기에 대한 위반의 걱정이 없다. 남편에게 죽어 있는 닭은 아무런 애정이 생겨나지 않는 무의미한 것이다. 마치 그녀의 몸에 남은 상처들이 남편에게 아무런 의미가 없는 것처럼 말이다. 더 나아가 남편에게 그녀는 죽어 있는 닭 그 이상의 의미를 지니지 못한다. 성관계를 할 때마다 그녀에게 요구하는 동일한 자세―깍지를 긴 채 만세를 부르게 하는―는 삼계탕에 넣기 위해 준비된 닭의 다리를 꼰 모습과 유사하다. 털이 뽑힌 채 다리를 꼬고 누워있는 닭의 모습은 나체로 된 그녀가 항복의 자세로 누워 그를 받아들이는 모습으로 연상된다. 닭의 내장을 긁어 내고 그 안에 다른 이물질―찹쌀, 대추, 인삼 등―로 채워 넣는 과정 역시 그녀와 남편의 성관계를 연상시킨다. 꼼짝없이 누워 내 몸이 아닌 다른 것으로 내 속을 채워야 하는 닭처럼 그녀도 그랬던 것이다. 무언가를 죽여 보지 못한 사람은 무언가를 사랑할 수 없다는 남편의 말은 뒤집어 생각해 봐야 한다. 이것은 닭을 죽이지 못했으면서도 죽어가는 닭의 허상에 시달렸던 그가 사랑할 수 있는 것은 아무것도 없다는 해석이 된다. 이는 그녀에 대한 사랑도 허상이고 그녀의 상처를 혀로 핥는 행위에도 아무런 의미가 없는 것을 의미한다.

남편은 금기에 대한 위반을 감행하지 못하고 오히려 그것에 대한 두려움을 드러내며 철저히 근대 사회로 편입되기를 원하는 주체인 것이다. 그녀와 성적 대상의 위치에 놓인 애인도 마찬가지이다. 반면에 그녀는 근대 사회에서 일탈하고 싶은 욕망을 드러낸다. 왜냐하면 그녀는 남편과 애인과의 관계에서 강한 정신적 상처를 경험하기 때문이다. 타인은 상처를 주는 행위를 통해 주체에게 개입하고, 주체는 상처를 입히는 타자의 행동을 통해서 비로소 발생한다. 그녀가 남편과 애인과의 관계에서 상처를 입고 사회의 금기에서 일탈하려 할 때 그녀는 근대에서 벗어날 수 있는 것이고, 상처가 치유되는 것이다. 이 관계를 통해 그녀는 사유할 수 있는 계기를 얻게 된다. 즉 자신의 상처를 제대로 인식하고 파악하려는 노력이 근대에서 탈근대로의 의식 전환을 하게 하는 촉진제가 되는 것이다.

■ 이화異化의 고통

그녀는 자신의 내면에 그 무언가가 비어 있다는 사실, 채워지지 않는 공허감과 상실감을 지속적으로 드러낸다. '비어 있음', 이것이 『뱀장어 스튜』에서는 그녀의 육체에서 두꺼비집과 정자의 공간으로 전이되어 상징적으로 나타난다.

> 남자는 오늘 하루 종일을 여자와 이렇게 보낼 것이다. 여자는 다시 자신이 모래밭의 두꺼비집인 것처럼 생각됐다. 속의 공동(空洞)을 넓히느라 손을 넣어 모래를 파내고 속을 비우는 찰나 무너져 내리는 모래집. 남자는 갈퀴손처럼 여자를 한없이 비우고, 여자는 부서져 내리고. 남자는 더 깊어지는 허기로 결국엔 나가떨어질 것이다. 늘 그랬다.

그녀는 남편과 애인 사이에서 여전히 괴로워하고 있다. 그렇다고 그 원인이 남편과 애인에 대한 사랑의 비중에 있는 것은 아니다. 자신의 상처를 애무해 주는 남편에게서도, 격정적인 사랑을 느끼게 해주는 애인에게서도 그녀는 안주하지 못한다. 그녀가 겪는 괴로움의 원인은 바로 타인과의 관계 맺음에 있다. 그녀는 타인과 서로 소통하지 못하는 단절된 관계에 놓여 있다. 게다가 그 단절의 간극은 아이러니하게도 육체적 관계를 맺으면 맺을수록 더욱 깊어지는 것이다. 현실에서 주체와 타인이 서로 상대를 자기 확인의 수단으로 삼고자 할 때 필연적으로 소외가 발생한다. 그녀는 남편과 애인과의 관계 속에서 자신의 존재를 확인하고자 했다. 그러나 그럴수록 남편과의 관계에서는 삼계탕을 끓이기 위한 닭처럼, 애인과의 관계에서는 두꺼비집처럼 텅텅 비어가는 자신의 육체를 발견하게 되고 더욱 깊은 소외감을 느끼게 된 것이다. 소외는 인간 정신이 자기 부정, 자기 분리, 자기 극복이라는 일련의 변이에 있어서 필연적인 계기이다. 자기 부정을 매개로 하지 않는 한 창조적 주체성 내지 자유의 인격체로서 인간은 존재할 수 없고, 이에 근거한 자기 분리는 동시에 자기 확장이고 자기 실현의 발돋움이므로 이 자기 분열이 주는 이화異化의 고통은 새로운 자기 통합 또는 동화를 위한 자기 초극인 것이다. 그녀는 다른 것을 집어 넣기 위해 속을 긁어 내는 닭처럼, 더 크게 만들기 위해 파내고 또 파내는 두꺼비집처럼 자신이 발산하는 현실에 대한 강한 부정이 자신을 소외시키고 이것이 주는 이화異化의 고통을 인지하게 된다.

"오고 싶을 땐 언제든지 와. 난 항상 열려 있으니까. 아니, 난 문이 없어. 난 황야에 서 있는 정자야. 세상 수많은 사람들이 집을 짓고 문을 달고 열쇠로 채우고 싶어 하지. 네가 저물녘의 새처럼 깃들이길 원한다면 내 정자의 처마에서 언제든 쉬어."

"서로가 소통을 하려고 노력했어야 한다고 나는 생각하오. 그러고 싶지 않았다면 할 수 없는 일이오. 지금도 당신이 나와 소통하길 원치 않는다면 나로서도 어쩔 수 없소. 다만 지금의 나로선 당신의 여행이 빨리 끝나길 바라오. 마음속에 당신을 향한 쪽문을 잠시 열어 두리다. 그러나 명심하오. 나는 기약 없이 당신을 기다리고 싶은 마음은 추호도 없소."

위의 인용문은 애인이 그녀에게 한 말이고, 아래의 것은 남편이 그녀에게 한 말이다. 그녀에게 애인과 남편은 대극선상에 놓여 있다. 그녀에게 애인은 정자와 같은 존재이고 남편은 집과 같은 존재이다. 애인은 그녀 아이의 아버지이고 남편은 합법적으로 결혼한 남자이다. 서로 구속하지 않고 자유로운 관계를 추구하는 애인은 공교롭게도 근대 사회를 형성한 구조 중 강력한 힘을 지닌 아버지의 위치에 있다. 문도 벽도 열쇠도 없는 곳, 누구나 와서 쉬었다 갈 수 있는 곳, 바로 정자와 같은 애인에게서 그녀는 자신의 든든한 벽이 되어주질 않는 그를 원망한다. 반면에 남편은 결혼이란 제도를 통해 합법적인 위반의 테두리 안에 있다. 결혼은 성행위를 합법적이게 해준다. 동물과 구분되기 위한 금기 중 하나인 성행위가 용납될 수 있는 건 결혼이란 제도 밑에서만 가능하다. 이 제도로 맺어진 남편은 결혼 자체가 금기를 위반한다는 사실은 간과한 채 그녀가 성적 계약을 위반했다고 비난한다. 합법적인 위반을 지닌 견고한 틀 안에서 이들은 천박한 매음의 관계로 추락하는 위험에 빠진다. 인간의 금기인 성행위가 결혼의 틀 안에서는 합법적인 위반이고 그 안에서 성행위를 거부하는 것이 오히려 불법적인 위반이 되는 부조리한 상황인 것이다. 그녀가 원하던 벽과 문이 있는 집을 짓고 사는 남편은 계약된 관계에 불과한 것이었다.

■ 작중인물의 상징적 의미

인간은 동물과 구분 짓기 위해 금기를 설정하여 지키도록 강요한다. 인간이 만든 금기는 주로 죽음과 성에 관한 것인데, 전자의 경우는 살해하지 말라는 법을 만들 정도로 강제성을 띠고 있다. 후자의 경우에는 강제성은 없지만, 인간의 민감한 측면과 연결되어 있고 주로 배설물과 관계한다는 점에서 성에 관한 금기가 생겨났다. 성에 관한 금기 중 가장 대표적인 것은 근친상간의 금기이다. 물론 근친상간의 금기도 하나의 특수한 경우에 해당하지만, 인류 역사에서 가장 보편적이라 할 수 있는 금기이다. 그런데 결혼은 이러한 금기에서 일탈하는 성격과 역설을 동시에 담고 있다. 결혼의 역설은 침해를 예상하고, 그것을 합법적인 것으로 인정하는 결혼 규칙에 있다. 예를 들면 신에게 제물을 바치기 위해 양을 죽이는 일은 살해하지 말라는 금기에서 벗어난 일탈 행위이지만, 동시에 의식을 거행하기 위한 행위로 그 일탈의 합당성이 의도적으로 암묵되는 것이다. 이는 전쟁과 관련해서도 살펴볼 수 있다. 살인하지 말라는 금기에는 군대의 축복과 찬양이 숨겨져 있다. 금기에는 모순된 선택이 들어 있다. 금기는 이성의 차원에서 보면 전쟁을 죄악시하면서, 둘 중 하나를 선택케 함을 알 수 있다. 전쟁의 살상을 막기 위해 필요한 살해를 인정하고, 전쟁을 제거하기 위해서는 어떤 일이든지 서슴지 않는 행위와, 그렇지 않으면 규칙을 무시한 싸움이다. 그렇다면 금기의 세계는 합리성에 근거하고 있는 듯하지만 사실 합리성을 벗어나는 것이다. 이렇게 희생양의 살해가 금기인 동시에 의식이듯이, 결혼 첫날밤의 성행위는 허락받은 간음이라 볼 수 있다. 인간이 동물과 구분되기 위해 만든 금기를 일탈하는 결혼은 금기의 세계의 비합리성을 말해 준다. 그런데 그 결혼도 인간을 억압하고 있다는 사실을 그녀는 확인하는 것이다.

애인과 남편, 자유와 구속, 금기와 위반. 이 모순된 개념 사이에서 끊임없이 충돌하며 자신의 존재를 확인하려 했던 그녀는 이제 58일간의 여행을 끝내고 프랑스로 돌아간다. 자신이 언제든 와서 쉴 수 있다고 생각한 애인의 정자도, 결혼이란 합법적 구속력을 통해 안주하고 싶었던 남편의 집도 그녀에게 안식처가 될 수 없었다. 이제 그녀의 '남은 생은 벗어 놓은 창녀의 스타킹'처럼 실존은 유기된 채 허상만 남아 있게 된다. 욕망은 살아있는 한 충족되지 않는 결핍인 것이다. 그러나 그녀는 그 허상이 비어 있는 것이 아니라, '살아서 펄떡이는 것들을 모두 스튜 냄비에 안치고 서서히 고아 내는' 과정처럼 실존이 용해된 것이란 사실은 인식한다. 바로 형태가 없어진 삼계탕과 뱀장어 스튜처럼 말이다.

파리와 서울을 오갔던 그녀의 행동은 일종의 자기 찾기였다. 끊임없는 일탈 행위로 죄의식과 공허감에서 벗어나 탈출구를 찾으려 한 것이다. 그러나 그것은 타인에 의해 형성되는 주체였다. 타인의 시선에 의해 존재하는 주체는 결국 환상에 불과하다. 남자에 의해 존재하는 '여자', 남편에 의해 존재하는 '그녀' 모두 진짜 같은 가짜인 것이다.

타인에 의해 정립되는 주체는 진실성이 결여되어 있다. 『뱀장어 스튜』의 그녀가 궁극적으로 벗어나고자 한 것은 그들을 둘러싼 모든 시선에서이다. 철삿줄 같은 그녀의 상흔은 타인에 의해 치유될 수 있는 것이 아니다. 그녀가 찾은 탈출구는 보이지 않는다. 단지 그녀는 움직일 수 있는 수단, 상황을 바꿀 수 있는 방법을 강구하는 것이다.

그녀가 찾은 탈출구는 무엇인가? 자신의 상흔이 치유되는 줄 알았던 남편과의 성행위에서 이제 그녀의 존재는 '한 마리 곤충'으로, '버둥거리는 바퀴벌레'로 변한다. 이것은 '다른-것이-됨'의 과정이다. 이것은 제한으로서도 동화로서도 이해되어서는 안 되는 하나의 과정에 참여하는 것이다. 뱀장어와 닭이 은근한 불에서 조금씩 뭉뚱그려지는 과정을 통해 스튜와 삼계탕이 되는 것처럼, 그녀도 '살아서 펄떡이는 것들을 냄비에 안치고 서서히 고아 내는' 과정, 다른 것이 되는 과정을 통해 사는 방법을 찾은 것이다. 한없이 비우다 부서져 버리는 두꺼비집이나 은근한 불 위에서 끓이다 살과 뼈와 물이 한데 어우러져 형태를 알아볼 수 없는 삼계탕이나 아이에 대한 상처를 안고 남편과 애인 사이에서 존재를 확인하려는 그녀 모두 같은 동일선상에 있는 것이다. 이를 통해 그녀는 스스로 외에는 더 이상 어떤 가치도 가지지 않는 자유의 상태에 도달할 수 있는 것이다.

3. 비주얼 스토리텔링

문자 시대에서 영상 시대로 넘어오면서 감성과 직관이 강조되기 시작했다. 문자 시대의 중심 키워드가 이성이었다면, 영상 시대의 중심 키워드는 감성이다. 1963년 맥루언이 구텐베르크식 활자문화의 종말을 선언하고 영상매체 시대의 도래를 선언한 이래, 우리 주위의 모든 것들은 '영상모드'로 급격하게 바뀌었다. 영상 시대에는 감성을 분출할 수 있는 통로가 다양해지고 자기표현 능력이 발달한 세대가 등장하게 되었다. 영상세대들은 옳고 그름보다는 좋고 싫음으로 판단을 하고, 남들과 같다는 것보다는 남들과 다르고 싶다는 가치관을 가진다. 남들이 가지고 있는 것을 나도 가져야 한다는 소유의 욕구보다는 이것이 나에게 쓸모가 있는 것인가에 중점을 두는 사용 가치에 무게를 두게 된다. 이러한 영상세대의 특성은 일상생활 곳곳에 놀이와 오락의 요소를 발달하게 만들었다.

영상 시대를 대표하는 비주얼 스토리텔링은 수용자의 기대를 충족시키는 허구적이지만 믿을 만한 현실을 창조하기 위해 이미지를 활용하는 기법을 말한다.[6] 비주얼 스토리텔링의 주요 장르는 애니메이션과 영화, 광고이다.

(1) 애니메이션 스토리텔링

애니메이션은 생명이 없는 사물에 움직임을 연속적으로 만들어 생명을 불어 넣는 동영상 작업을 총칭하며, 상상 속에 있는 모든 것을 이미지화하여 환상성fantasy을 창출해 내는 것을 말한다. 애니메이션 스토리텔링은 인물, 사건, 배경의 기본 요소에 누가 볼 것인가에 대한 대상과 어떤 유형의 애니메이션을 만들 것인가에 대한 장르에 대한 요소를 고려해야 한다. 애니메이션의 비주얼 스토리텔링에서는 욕망을 가진 캐릭터를 창작해야 한다. 그리고 시각적 요소를 부각시키는 환상성을 창조해 내야 한다.

애니메이션은 사람 이외에 동식물은 물론 때로는 집안 가구와 대화를 하기도 하고 자동차가 주인공이 되기도 하며, 상상 속의 캐릭터가 등장하기도 한다. 〈슈렉〉에서는 진흙탕 속 녹색 괴물이 주인공이 될 수도 있고, 〈카〉에서처럼 자동차들이 캐릭터가 될 수 있다. 〈이웃집 토토로〉에서는 너구리와 곰이 섞인 듯한 캐릭터가, 〈센과 치히로의 행방불명〉에서는 인간과 거미가 합쳐진 거미할아범이 등장하기도 한다. 비현실적인 캐릭터는 애니메이션의 환상성을 더욱 부각시키는

그림 1.2 〈슈렉〉(좌)과 〈월-E〉(우)의 한 장면

역할을 한다. 〈월-E〉에서는 지구에서 고물을 처리하던 월-E가 우주 행성에서 탐사를 위해 내려온 이브에게 사랑을 느낀다. 이미 사랑이란 감정은 인간에게도 사라진 지 오래이다. 기계 로봇의 순수한 사랑 감정을 통해 인간이 인간미를 배우게 되는 아이러니컬한 전개를 이끌어 나간다.

　　애니메이션에서 고려해야 할 주요 요소 중의 하나는 어떤 관객이 무엇을 봐주기를 바라는가 하는 점이다. 애니메이션을 누가 볼 것인가 하는 대상에 대한 설정이 명확해야 한다. 대상에 따라 애니메이션의 스토리텔링은 달라지기 때문이다. TV 애니메이션으로 해외에서도 인기를 누리고 있는 〈뽀롱뽀롱 뽀로로〉는 2~3세 유아를 주 대상으로 한다. 유·아동을 대상으로 한 애니메이션의 경우 개인별 발달 수준의 편차가 크기 때문에 같은 유아라 하더라도 대상 연령에 따른 세심한 분류 작업이 필요하다. 〈뽀롱뽀롱 뽀로로〉는 유아들이 좋아하는 동물을 캐릭터로 선정했다. 특히 뒤뚱뒤뚱 걷는 펭귄의 모습은 이제 막 걸음마를 시작하는 유아의 불안정한 걸음걸이를 보여 주고 있다. 유아들의 집중이 가능한 5분 이내의 짧은 상영시간과 좀처럼 유아용 애니메이션에서 보기 어려운 캐릭터들의 슬랩스틱은 〈뽀롱뽀롱 뽀로로〉의 차별적 특성이 되었다.

(2) 영화 스토리텔링

영상 시대에 문학이 살아남기 위해서는 과감히 스크린과 제휴해야 한다고 미국의 비평가 레슬리 피들러는 말했다. 그의 주장처럼 영상 시대에 많은 사람들은 영화의 상업주의적 속성과 대량복제로 인한 문제점을 경계했지만, 영상매체가 갖고 있는 대중문화적 요소들을 적극 수용해야 한다고 생각했다. 장르의 급속한 해체로 인해 고급문화와 대중문화의 구분이 모호해졌고, 이러한 현상은 문학과 영화에도 영향을 끼쳤다. 장르의 해체와 대중문화의 확산은 문학과 영화가 서로 견제하는 라이벌이면서도 동시에 서로의 영역을 넘나드는 긴밀한 관계를 맺게 되었다.

비주얼 스토리텔링에서는 주로 영웅모험담의 12단계 패턴을 따른 전개를 갖는다. 신화학자 조셉 캠벨은 1949년 『천의 얼굴을 가진 영웅』이라는 책에서 신화와 전설에 보편적으로 등장하는 캐릭터의 유형을 분류하고 어떤 단계를 거쳐 영웅이 탄생하는지 기술하였다. 이것을 크리스토퍼 보글러는 영웅이 일반적으로 12단계의 스토리를 가지고 있다고 정리하였다. 1단계 '일상세계'는 스토리의 시작 부분으로 일상세계에서의 영웅의 평범함을 보여 주고 영웅이 가게 될 특별한 세계와의 차별성을 보여 준다. 2단계 '모험에의 소명'은 어떤 사건 등을 통해 영웅이 일상 세계를 떠나 특별한 세계로 모험을 떠나게 될 것이라는 사실을 암시해 준다. 3단계 '소명의 거부'는 영웅이 모험으로의 부름에 대한 의심, 두려움 등으로 이를 거절한다. 4단계 '정신적 스승과의 만남'은 영웅에게 조언이나 보호를 통해 향후 영웅이 가야할 방향

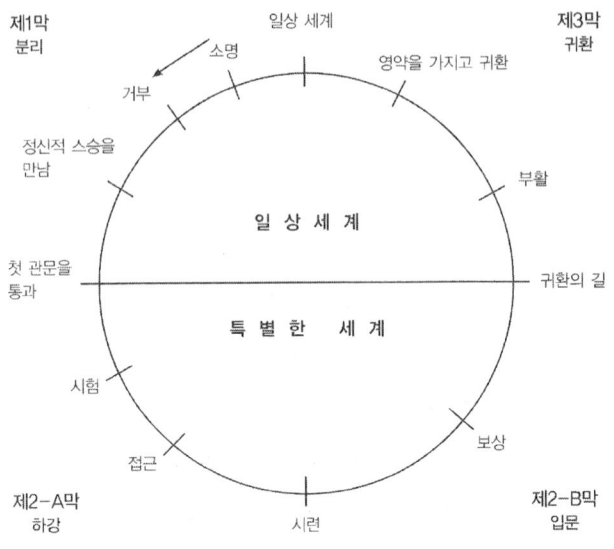

제1막
분리

일상 세계

소명

영약을 가지고 귀환

제3막
귀환

거부

정신적 스승을
만남

일 상 세 계

부활

첫 관문을
통과

특 별 한 세 계

귀환의 길

시험

보상

접근

제2-A막
하강

시련

제2-B막
입문

그림 1.3 영웅의 12단계 스토리

을 제시해 줄 수 있는 조언자를 만난다. 5단계 '첫 관문의 통과'는 영
웅이 부름을 받아들여 특별한 세계로 들어가는 단계이다. 이 단계에
서 영웅이 모험을 떠나게 되는 계기가 마련된다. 6단계 '시험, 협력자,
적대자의 만남'은 영웅이 몇 가지 시험을 통과하고 동맹군과 적들이
생기게 되며, 이 과정에서 특별한 세계의 습성을 익히게 된다. 7단계
'동굴 가장 깊은 곳으로의 접근'은 테스트 과정을 성공적으로 끝낸 영
웅이 향후 다가올 엄청난 시련에 대비하는 과정이다. 8단계 '호된 시
련'에서 영웅은 적의 깊숙한 곳에서 도저히 이길 수 없는 어둠의 실체
와 만나게 된다. 죽음에 직면한 상황을 극복하고 영웅은 다시 태어난
다. 9단계 '보상'은 시련을 극복한 영웅에게 승리를 위한 보상이 주어
지는 것이다. 승리를 위한 영감, 불멸의 영약, 중요한 정보 등을 얻는

것이다. 10단계 '귀환의 길'은 보상을 손에 쥐고 집으로 돌아오거나 새로운 모험을 시작하거나 한다. 적들이 재결합하고 영웅을 위협한다. 11단계 '부활'은 죽은 줄 알았던 적 또는 재결성된 적이 나타나고 이와 최후의 전투를 수행한다. 관객에게 예상치 못한 비밀의 열쇠를 주어 궁금증을 해결하는 등 좀 더 흥미로운 경험을 제공한다. 12단계 '영약을 가지고 귀환'은 영웅이 보상을 가지고 고향에 돌아와 다른 사람과 나누는 등 일상으로 복귀하는 단계이다.

▣ CASE STUDY 2.
영화 〈빈 집〉의 상징적 이미지텔링imagetelling 분석7)

〈빈 집〉은 2004년도 김기덕 감독의 작품이다. 다작 감독으로도 유명한 김기덕 감독은 〈사마리아〉, 〈봄여름가을겨울 그리고 봄〉, 〈나쁜 남자〉 등의 작품을 통해 호평과 혹평의 극단적 평가를 받았다. 현실의 언어로 찍힌 이미지에 회화적이고 심리적인 표현이 더해지면서 그의 작품은 스스로의 표현대로 '반추상 영화'가 되었다.8)

▨ 〈빈 집〉에서 살아가는 사람들
이 영화는 아내에 대한 사랑의 방식이 폭력적이고 집착적인 남편과 아내 선화, 그리고 여러 빈 집을 돌아다니며 하루하루 살아가는 태석의 이야기이다. 선화는 남편의 편집증적 성향과 집착이 사랑이란 이름으로 위장되어 자신의 몸을 구속하는 고통에 시달리고 있다. 그녀는 남성과 여성의 관계 속에서 억압당하는 인물이다. 사회적으로 어느 정도 성공한 남편은 선화에게 지배와 피지배의 관계를 요구한다. 그는 선화가 자신의 요구에 응해 주고

복종해 주길 바란다. 그러나 선화가 이를 거부하고 그는 끊임없는 폭력을 행사하는 것이다. 자신을 억압하는 남편과 그것을 묵인하는 사회에 대해 선화는 제대로 저항 한 번 하지 못한다. 이러한 선화의 절규는 "악!"이라는 한 마디의 외침으로 단적으로 표현된다. 이에 비해 남편은 너무나 많은 말을 영화 속에서 쏟아 내고 있다. 남편의 말이 많으면 많을수록 선화는 입을 더욱 굳게 다물고 혼자만의 세계로 빠져들어 간다.

　이 영화는 배우들의 대사가 다른 영화에 비해 훨씬 적다. 영화를 이끌어가는 선화와 태석의 경우, 선화는 "악!", "사랑해요", "식사하세요"란 말이 전부이고, 태석은 영화 내내 한 마디도 하지 않는다. 영화는 대사와 장면을 통해 의미를 관객에게 전달하는 장르이다. 그 표현 방법이 구체적이기 때문에 직접적인 의미 전달이 가능하다는 장점이 있지만 관객이 상상하고 유추할 수 있는 추상적인 의미 전달이 어렵다는 한계가 있다. 그러나 이 영화는 그런 한계를 극복하고 있다. 절제된 대사와 이미지를 통해 더 많은 의미를 생산해 내고 있는 것이다. 끊임없이 말을 쏟아 내는 남편과 한마디도 하지 않는 선화는 소통할 수 없다. 철저하게 단절된 관계이다. 그런 점에서 〈빈집〉은 고립된 현대인들이 집이란 장치를 통해 단절되어 가는 과정을 드러내고자 한 것이다. 집은 개개인이 소유한 고유한 영토로 타인이 들어오는 것을 절대 용납하지 않는 근대적 산물이다. 집 안에서 나오지 않는 선화는 점점 단절된 세계로 침잠해 들어간다. 이러한 선화를 집 밖으로 나올 수 있도록 도와주는 사람이 바로 태석이다. 다시 말해 태석은 근대적 장치에 의해 억압된 선화에게 소통의 장을 열어 주는 조력자이다.

　태석은 비어 있는 남의 집에 들어가 하루하루를 살아가며 떠도는 삶을 사는 사람이다. 그는 자신이 붙여 놓은 전단지가 며칠 동안 대문에 붙어 있으면 그 집을 빈 집으로 생각한다. 태석은 남의 집에 들어가 자동응답기를 통해 집이 확실히 비어 있음을 확인한 후 자연스레 그 집에서 기거하는 것이다. 남의 빈 집에서 숙식을 해결하는 태석은 도둑이면서도 도둑이라고 확언할 수 없다. 그는 허락 없이 남의 빈 집에 들어간 주택무단침입자이지만 물건을 훔치지는 않고 나온다. 오히려 고장 난 시계나 오디오, 장난감 권총 등을 고쳐 놓고, 밀린 빨래를 하고 청소도 한다. 이러한 그의 존재를 도둑이나 침입자로 단정짓기에는 매우 애매하다. 태석은 비어 있는 집에서 사진을 찍어 실은 그 집이 비어 있지 않았음을 알린다. 우리가 사실이라 생각하는 사실과 실제 사실은 다른 것이다. 비워 놓은 자신의 집이 비어있을 거란 생각을 조롱하듯 그는 이곳저곳에서 사진을 찍는다.

　선화의 집에 들어 온 태석은 선화가 있는 것을 모르고 그 집이 빈 집이라고 생각한다. 거기에 있지만 그 존재의 실체를 드러내지 않는 선화는 빈 집에 들어가 살지만 그 존재가 드러나지 않는 태석과 유사하다. 태석의 존재를 발견한 선화는 그저 관망한다. 자신의 집에 들어온 낯선 존재에 대해 거부하는 것이 아니라 바라보는 선화의 자세는 중요한 의미를 가진다. 왜냐하면 태석이 도둑으로 몰릴 수 있는 이유, 다시 말해 이 사회에서 그가 범법자로 분류되는 이유는 바로 남의 집에 들어갔다는 사실 때문이다. 그런데 선화가 바라보는 시각은 다르다. 선화는 태석이 도둑이냐 아니냐의 구분이 되는 사실, 즉 남의 집에 들어왔느냐 아니냐의 사실보다 태석이 집 안에서 하는 행위에 초점을 맞추고 있다. 선화는 태석이 집에 들어와 사진첩을 보는 행위, 체중계를 고치는 행위, 사진을 찍는 행위, 빨래를 하는 행위, 목욕을 하는 행위, 다림질을 하는 행위 등을 따라가며 관찰한다. 그런 후에 선화는 자신의 존재를 태석에게 드러낸다. 아무도 없는 줄 알았던 곳에서 자신을 바라보고 있었던 선화의 존재는 태석에게 매우 충격적인 것이었다. 그는 자신이 인지하지 못한 사이에 타인의 눈에 보인 자신의 존재를 인식한 것이다. 이 인식은 '나는 생각한다 고로 존재한다'는 데카르트의 통합된 주체가 '나는 내가 생각하지 않는 곳에 존재한다'는 해체된 주체로 전환되는 과정이다. 태석은 자신이 바라보는 것뿐만 아니라 자신도 남에 의해 보여진다는 사실을 인식한다. 즉 그는 자신도 바라보면서 동시에 보여지는 분열된

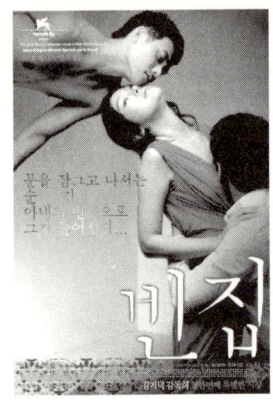

그림 1.4 〈빈 집〉의 포스터와 한 장면

주체란 점을 깨닫게 된 것이다.

　　지금까지 김기덕의 영화 속에 등장하는 여주인공들은 극한 상황 속에서 처절하게 버려진 존재들로 형상화되었다. 그런데 〈빈 집〉의 선화는 자신을 내동댕이친 세상에 환멸을 느끼며 끝없이 추락하던 여타의 여주인공들과는 사뭇 다르다. 선화에게는 태석과의 관계를 통해 자신의 상처를 치유하고 개선할 수 있는 가능성이 엿보인다. 그 가능성은 이들이 함께하는 빈 집에서의 생활 속에서 발견할 수 있다.

■ 〈빈 집〉에 나타난 빈 집의 의미

이들이 함께 들어가 생활한 빈 집은 모두 네 집이다. 그것은 사진작가의 오피스텔, 권투선수 부부의 아파트, 중년 부부의 한옥, 그리고 마지막으로 독거 할아버지의 허름한 연립주택이다. 선화와 태석의 관계와 이 빈 집들이 각각 상징하는 이미지는 매우 밀접하게 연관되어 있다고 본다.

　　그들이 처음 들어선 빈 집은 사진작가가 사는 오피스텔이다. 사진작가는 직업의 특성상 무엇인가 바라보는 것을 전문으로 한다. 사진작가와 그 대상이 서로 바라보는 것처럼 이 집에 들어선 선화와 태석도 서로 바라보고

만 있다. 태석은 선화에게 밥을 차려 주고는 나무에 물을 주는 척하며 선화를 쳐다본다. 선화 역시 태석이 하는 일을 대신하는 것으로 가까이 다가가고 싶은 마음을 표현한다. 선화와 태석의 소통은 시각에서부터 시작된다. 태석은 고장 난 시계를 고친다. 시계는 시각을 통해 시간을 알려 주는 것이다. 태석은 고장 난 시계처럼 선화의 닫힌 시선도 열리길 바란다. 마침내 선화는 태석이 찍는 사진 속에 같이 참여하면서 시각적 소통이 열리는 것이다. 오피스텔에는 선화의 흑백 누드 사진이 걸려 있다. 선화는 타인의 시선에 의해 존재 지워진 사진을 잘라 조각 퍼즐처럼 섞어 놓는다. 그것은 피카소가 그린 여인들의 초상화처럼 그로테스크한 이미지를 보인다. 여기에 자신의 몸을 조각내어 해체시킴으로써 지금까지 억압되어 살아온 자신의 존재를 부정하고 싶은 선화의 욕망이 내재되어 있다. 남성중심주의의 근대 사회에서 억압되어 살아가던 선화에게 저항과 부정의 욕망을 생기는 것이다.

두 번째로 들어간 곳은 권투선수 부부가 사는 아파트이다. 집주인들이 결혼 3주년 기념으로 여행을 간 사이 선화와 태석은 이곳에 머무른다. 잠옷을 입고 소파에 앉아 TV를 보며 과일을 먹는 이들은 일상적이고 평범한 부부처럼 보인다. 서로 바라보던 이들은 이제 부부의 연을 맺은 것처럼 그 관계가 발전된다. 이들의 소통은 이제 시각에서 청각으로 넘어온다. 이 집에서 태석은 고장 난 오디오를 고친다. 오디오는 청각을 통해 음악을 들려준다. 고장 난 오디오처럼 감정을 분출시키지 못했던 선화는 태석을 향해 울부짖는다. 그것은 마치 링 위에서 상대선수가 쓰러질 때까지 홀로 싸워야 하는 권투선수의 외로움과 힘겨움 같은 것이다. 링 위에서의 폭력은 합법적이다. 링이라는 제한된 곳에서만 폭력은 용인된다. 이 링은 선화의 집과 같다. 그 안에서 남편의 폭력도 묵인되는 것이다. 이긴 선수가 링 밖에 있는 관중들과 함께 박수를 치며 환호할 때, 한쪽에 남겨진 다운된 권투선수의 쓸쓸한 모습처럼 선화의 지난 삶도 그랬던 것이다. 그런데 이러한 모습은 선화에게만 발견되는 것이 아니다. 밤늦게 여행에서 돌아온 집주인에게 선화와 태석은 들켜버린다. 도둑으로 몰린 태석에게도 집 안에서의 합법적인 폭력이 행사되는 것이다. 멍이 든 태석에게 라면을 먹여 주는 선화의 모습에서 이들은 서로의 상처를 어루만지는 교감이 이루어지고 있다는 사실을 알 수 있다. 사실 이들의 교감은 첫 만남에서부터 의미심장하게 드러났다. 서로 보이지 않는 곳에서 골프공을 굴려 주고받는 모습은 앞으로 이들의 유대 관계를 암시하고 있었던 것이다. 선화의 지난 고통을 감싸주려는 태석과 태석의 아픔을 이해하려는 선화는 서로에게 의지하는 강한 결속력으로 맺어지고 있는 것이다.

세 번째로 들어간 곳은 중년 부부가 사는 한옥이다. 이 집에 들어선 태석은 다른 집에서처럼 자동응답기를 통해 주인의 부재를 확인하는 작업을 하지 않는다. 그럼에도 불구하고 그들이 어디에 갔는지, 언제 돌아올지도 모르는 불안감은 존재하지 않는다. 오히려 한옥에서 느껴지는 고풍스러움, 다도茶道에서 느껴지는 여유로움을 통해 선화와 태석은 통합적인 소통의 과정에 들어간다. 이것은 금속성이 강하게 느껴지던 음악이 낮으면서 잔잔한 피아노 선율로 바뀌는 음악에 의해서 더욱 강렬하게 느껴진다. 이 집에서 태석은 고장 난 물건을 고치는 행위를 하지 않는다. 남의 집에 들어와 며칠간 지내면서 고장 난 물건을 고치는 것으로 그 대가를 치루는 듯하던 그의 행동이 이곳에서는 사라진 것이다. 이 집은 자본주의 사회가 말하는 소유의 개념에 적용되지 않는 집이다. 나와 너의 구분이 없고 내 것과 네 것이 구분이 존재하지 않는 집처럼 말이다. 이 집에 들어선 선화와 태석은 움직임이 거의 없다. 가만히 앉아 있는 이들의 모습은 마치 거실 한쪽에 놓인 사진 속의 인물들과 흡사하다. 그 가운데 선화는 자신의 발을 태석의 발 위에 살포시 올려놓는다. 고요함 가운데 움직임, 바로 '정중동靜中動'의 의미를 이미지화하여 보여 주는 장면이다. 태석을 향한 마음을 드러내는 선화의 행동은 고요하면서도 소극적인 행위이지만 아이러니하게도 그것은 매우 적극적이고 능동적인 의미를 생산해 내고 있다.

마지막으로 들어간 곳은 독거 할아버지의 허물어져 가는 집이었다. 그러나 이들이 들어간 집은 빈 집이 아니었다. 이 집의 주인인 할아버지는 자식들의 무관심 속에 혼자 죽어갔고, 그를 지키고 있는 것은 애완견뿐이었다. 비어 있다고 생각했지만 비어 있지 않은 집. 태석이 찍는 사진처럼 그것은 인간의 판단이 참이 아닐 수도 있다는 사실을 보여 주는 것이다. 이 세상은 자신의 부모조차 돌보지 않는 사회 속에서 죽은 주인의 곁을 떠나지 못하는 애완견이 더 인간다워 보이는 모순된 곳이다. 돌아서서 나가려는 태석을 선화는 붙잡는다. 이제 선화는 태석과의 소통을 통해 자발적이고 능동적인 열린 주체로 변한 것이다. 선화와 태석은 할아버지 시신을 거두고 장사를 지낸다. 태석이 염을 하는 모습은 그동안 빈 집에서 고장 난 물건을 고치던 모습의 연장선상에 놓여 있다. 시계나 오디오 따위의 물건을 나사를 풀고 차례로 고쳐나가는 모습이나 시신에 수의를 입히는 모습이나 별반 다르지 않다. 그는 고치지 않아 쓰지 못하는 물건뿐만 아니라 각박하고 비정한 사회 속에서 소외된 인간까지도 고쳐 주고 싶은 것이다. 그러나 그들과 근대 사회는 단절되어 있기 때문에 그들의 마음은 왜곡되게 받아들여질 수밖에 없다.

■ 시선과 응시의 교차

〈빈 집〉에서는 인간이 살아가는 삶의 다양한 모습들이 제시되어 있다. 이러한 단면들의 흐름은 선화와 태석의 관계가 발전되어 가는 양상과도 밀접하게 연관된다. 집 안에만 갇혀 밖으로 나오지 못하던 선화와 이 집 저 집을 떠돌아다니며 어느 한 곳에도 안착하지 않는 태석은 이 사회에서 단절된 주체들이었다. 선화와 태석을 바라보는 근대적 시각은 이분법적인 틀 안에서 이들과의 소통을 단절시켜 놓은 것이다. 지배자/피지배자, 선/악, 비범죄자/범죄자의 확연한 구분 밑에서 이들은 어쩔 수 없이 후자에 속할 수밖에 없었다. 그러나 이제 이들은 이 틀의 경계를 넘나들며 그 선을 전복시키려

한다. 억압되어 있던 선화는 태석을 통해 자신의 욕망을 발현할 수 있게 되고, 이들은 서로 소통할 수 있는 관계로 형성된 것이다.

〈빈 집〉에서 비어 있지만 실제로 비어 있지 않던 집의 의미가 이제는 태석의 육체를 통해 드러난다. 형사에게 끌려간 태석은 도둑, 납치 등의 죄명으로 감옥에 수감되고 선화는 다시 남편에게로 돌아간다. 도둑질을 하지 않았으면서도 도둑으로, 납치를 하지 않았는데도 납치의 죄명을 쓰게 된 근대 사회의 시선은 여전히 부조리하다. 감옥에서도 그는 여전히 골프에 집착한다. 사회적으로 지배 계층의 부의 상징인 골프가 〈빈 집〉에서는 폭력성의 상징으로 드러난다. 놀이를 가장한 폭력성은 근대 사회의 부조리한 시선과도 같다. 태석이 선화의 남편을 폭행할 때, 선화의 남편이 태석에게 분풀이를 할 때, 태석이 형사에게 보복할 때마다 골프는 유희를 가장한 폭력의 수단이 된다. 게다가 태석이 친 골프공이 아무런 이해관계가 없는 여자에게까지 피해를 입히는 사건이 발생한다. 놀이가 한순간 목적과 대상이 불분명한 폭력으로 변해버린 극단적 상황이다. 이처럼 유희 밑에 숨겨진 폭력성은 합리와 이성으로 무장한 근대 사회의 정의 밑에 숨겨진 폭력성과 동일하다.

태석에게 감옥은 집의 또 다른 이름에 불과하다. 타인과의 소통을 단절시키는 곳, 난무하는 폭력을 합리적으로 묵인하는 곳은 감옥이나 집이나 매한가지다. 이제 태석은 사람들의 시선에서 벗어나려 한다. 그곳에 존재하지만 비어 있는 역설적 상황을 몸으로 보여 주려 한다. 시야에 보이는 그것만을 진실로 인정하는 편협한 시각에서 탈출하려는 것이다. 태석은 한쪽 벽의 구석이나 윗벽에 붙어서 그를 감시하는 교도관의 시선에서 비껴난다. 태석을 감시하는 교도관은 전형적으로 보는 존재이다. 그런 그가 태석이 자꾸 자신의 시선에서 벗어나자 분노한다. 그는 자기의 뒤에 숨어 존재를 드러내지 않는 태석을 '유령같은 놈'이라며 폭행한다. 그러나 그 이면에는 두려움이 내재되어 있다. 다시 말해 교도관은 자신은 보지 못하지만 태석이 자신을 어디선가 바라보고 있을 거란 사실을 두려워한다. 인간의 시각은 보기만 하는 시선이 아니라 보여짐이 함께하는 중첩적인 것이다. 따라서 보여지고 있는 자신을 인지하는 순간 평면적인 시선이 아닌 공간적인 응시가 생긴다. 평면적인 시선은 인간의 볼 수 있는 180도에서 생기고, 공간적인 응시는 그 나머지 180도에 존재한다. 태석은 바로 이 보이지 않는 나머지 180도에 존재하는 것이다. 그러나 데카르트식의 사유에 물들은 근대적 주체들은 시선만 가진 존재들이다. 그런 주체들을 향해 응시하는 보이지 않는 태석의 존재는 공포의 대상이 되는 것이다. 태석이 손바닥에 그린 그림은 제3의 시선, 바로 응시를 의미한다. 시선과 응시가 교차하는 곳에서 환상이 생겨나는 것이다.

이러한 환상은 출소 후 선화와 태석이 돌아다녔던 집을 둘러보는 장면에서 확연히 드러난다. 영화 초반에 선화와 태석이 빈 집을 돌아다니는 것을 지켜볼 때는 환상이 일어나지 않는다. 왜냐하면 그들의 행동을 바라보는 관객은 객관적인 시선을 따라가기 때문이다. 그런데 어떤 대상이나 사건을 직접 보여 주지 않고 인물의 시선을 통해 보여 주는 경우 관객은 대상의 응시에 의해 환상을 얻는다. 태석의 응시를 통해 주관적으로 대상을 바라보기에 그의 억울함과 복수심이 그대로 관객에게 전달된다. 예를 들면 지하주차장에서 부패한 형사가 골프공에 맞는 모습을 객관적으로 보여 주지 않고 태석의 응시를 통해 볼 수 있기 때문에 그의 배가되는 분노를 관객도 느낄 수 있는 것이다. 이러한 것은 태석이 감옥에 간 것을 기점으로 관객의 시선을 객관적인 것에서 주관적인 것으로 자연스레 이동시키기에 가능하다. 태석의 존재는 더 이상 카메라 안에 존재하지 않는다. 그는 이제 카메라 렌즈 밖에서 존재하며 그의 응시로 관객을 이끌어간다. 사진작가와 권투선수는 누군가가 자신의 집에 들어와 있는 것 같은 느낌에 불안해한다. 그러나 관객은 불안해하지 않는다. 모든 것을 보고 있지만 드러내지 않는 존재와 관객의 시선이 일치하기 때문이다.

선화의 집에 들어선 태석은 거울을 통해 선화를 바라본다. 거울은 선화와 태석을 연결짓는 중개자가 된다. 거울을 통해 선화와 태석은 서로 바라보며 자신이 보여지는 것도 인식한다. 그러기에 이들에게는 불안감과 두려움이 없는 것이다. 오히려 이들은 그들만의 소통 관계를 형성한다. 그러나 남편은 여타의 사람들과 마찬가지로 시선만 가졌기 때문에 태석의 비어 있지만 비어 있지 않은 존재를 응시하지 못한다.

이처럼 〈빈 집〉에서 보기만 하는 주체가 아닌 보여지는 것을 인식하는 주체가 생성되었다. 〈빈 집〉은 카메라의 기법에 의해 태석의 응시에 관객의 시선을 주관적으로 이동시켜 현실과 환상을 넘나들고 있다. 〈빈 집〉에서는 주체의 현시성을 통해 정립되는 것이었다. 이들은 이러한 주체에는 진실성이 결여되어 있다고 판단하고 이를 전복시켜 자신의 욕망에 의한 탈주의 선을 따르는 탈근대적 주체들로 거듭날 수 있는 것이었다. 이들은 궁극적으로 근대 세계의 제 문제점에서 벗어나 소통에 이르는 길은 어떤 것이 될 것인가를 탐색하였다. 어느 것에도 침범당하지 않고 누려야 할 절대적 자유, 인간만이 가지고 있는 고유한 영역이 무참히 침범당하는 현실을 탈근대적 주체들을 통해 고발하고 있다.

▣ CASE STUDY 3.
영화 〈박쥐〉에서의 뱀파이어 스토리텔링9)

▓ 박찬욱 감독에 대하여

박찬욱 감독은 〈달은... 해가 꾸는 꿈〉으로 1992년 데뷔했다. 데뷔작의 흥행 실패로 오랜 공백 기간을 가졌고, 그 후 1997년 로드무비 〈3인조〉를 내놓았다. 썰렁한 유머와 액션, 과장된 이미지를 통해 자신의 개성을 표출하려 했지만, 이 영화도 흥행에는 실패하였다. 26분짜리 단편 〈심판〉1999은 오늘날 타락한 사회와 인간상을 흑백영상과 다큐멘터리 기법으로 보여 준 블

랙코미디이다. 또한 〈여섯 개의 시선〉[2003]은 여섯 명의 감독이 모여 만든 인권 영화로, 박찬욱 감독은 〈믿거나 말거나, 찬드라의 경우〉의 작품으로 마지막에 선을 보였다. 이 영화는 한국말을 잘하지 못하는 네팔인 찬드라의 이야기를 통해 우리 사회의 한 축을 지탱해 나가고 있는 외국인 노동자들의 모습을 인상적으로 담아 냈다.

박찬욱 감독이 대중에게 알려진 것은 2000년 개봉한 〈공동경비구역 JSA〉를 통해서였다. 판문점에서 발생한 의문의 총격 사건을 시작으로 하는 이 영화는 분단이라는 소재를 반공 이념의 시각이 아닌 휴먼적 시각으로 바라봄으로써, 〈쉬리〉의 관객수를 넘어서는 한국 영화 최고의 흥행 영화로 자리매김하였다. 상업성을 획득한 박찬욱 감독은 이후 〈복수는 나의 것〉[2002]으로 자신만의 독특한 영화 세계를 창조해 내었다. 가족을 잃은 상실감에 잔인한 복수를 펼치는 주인공들의 물고 물리는 복수극을 차갑고 건조한 영상미로 표현한 〈복수는 나의 것〉은 평론가들에게는 호평을, 관객에게는 외면을 받은 작품이 되었다. 2003년에 개봉한 〈올드보이〉는 금기의 소재 근친상간을 다루며 잔혹한 폭력 장면으로 도를 넘은 불쾌감을 제공하기도 했지만, 화려한 영상미와 연출력으로 2004년 칸 영화제에서 심사위원 대상을 수상하였다. 처음부터 계획된 것은 아니었지만 〈복수는 나의 것〉, 〈올드보이〉가 동일한 복수 테마로 이어지면서, 박찬욱 감독은 3부작 복수 시리즈로 만들고자 2005년 〈친절한 금자씨〉를 제작했다. 복수 시리즈의 완결판 〈친절한 금자씨〉는 여성 주연의 복수극이다. 아이를 유괴하고 죽인 범인을 찾아낸 금자는 피해자들을 불러 범인의 처리에 대해 논의한 후 사적으로 복수를 결행하는 모습을 보여 준다.

그 외에도 박찬욱 감독은 〈쓰리, 몬스터〉[2004], 〈싸이보그지만 괜찮아〉[2006], 〈소년, 천국에 가다〉[2005, **각본**], 〈미쓰 홍당무〉[2008, **각본 제작**]에 이어 2009년 〈박쥐〉를 세상에 내놓았다. 〈박쥐〉에 대한 평가는 국내외적으로 찬반양론이 팽팽하게 맞서고 있다. 2009년 칸 영화제에서도 여전히 흥미로운 박찬욱 감독의 영화라는 평과 실망스러운 영화라는 평이 나왔다. 〈할리우드 리포터〉에서는 '채워지지 않는 포식욕의 정열적인 표현'이라 말했고, 〈르 파리지앵〉에서는 '웃기지만 거칠고, 피가 뚝뚝 떨어질 것 같은, 생경하고 얽매인 데 없는 UFO 같은 작품'이라고 호평하였지만, 〈르몽드〉는 '괴기주의의 기념비적인 작품'이라 말했고, 〈버라이어티〉에서는 '지나치게 길고 음침한 코미디'라고 혹평을 내렸다. 그럼에도 〈박쥐〉는 2009년 칸 영화제에서 심사위원상을 수상했다.

■ 서로 다른 공간 속에 갇힌 주체들의 욕망 찾기

〈박쥐〉는 성직자 상현과 친구의 아내 태주의 사랑 이야기를 담아 내고 있다. 그런데 성직자 상현은 해외에서 진행되는 백신 개발 실험에 자발적으로 참여했다가 정체불명의 피를 수혈 받아 뱀파이어가 된다. 뱀파이어가 된 상현은 고통 속에 놓여 있는 사람들에게 기적의 성직자로 추앙된다. 그러던 중 어릴 적 친구 강우와 그의 아내 태주를 만나게 되고, 태주에게 사랑을 느낀 상현은 결국 성직자의 옷을 벗어버리는 결단을 내리게 된다. 바이러스에 감염되어 죽어가는 태주에게 자신의 피를 나눠줌으로써 태주를 뱀파이어로 재탄생시킨 상현은 무자비하게 자행되는 태주의 살인을 막고자 함께 죽음을 맞이하는 최후를 택한다.

〈박쥐〉에 등장하는 주요 공간은 상현의 공간과 태주의 공간이다. 수도원과 병원으로 대표되는 상현의 공간은 성직자답게 절제되어 있고 금욕적인 공간으로 나타난다. 반면 '행복 한복집'으로 대표되는 태주의 공간은 마작, 보드카, 한복 등 이질적인 문화요소들이 충돌하며 모여 있는 복합적 공간으로 드러난다.

금욕과 절제의 공간, 과잉과 혼합의 공간에서 각자의 삶을 살아가던 상현과 태주는 자신들의 공간에서 탈출해 나가기를 간절히 바란다. 죽어가는 사람들의 마지막을 지키기만 하는 자신에게 무력감을 느낀 상현은 그곳을 벗어나 새로운 삶을 살기를 기도한다. 성직자들에게만 생긴다는 바이러스 질환을 치료하기 위해 백신 실험에 자원한 상현은 자신의 몸에 퍼지는 수포를 보며 하루하루 살아간다. 그러던 어느 날 죽음을 맞이한 상현은 수혈 받은 정체 모를 피로 인해 다시 살아나게 된다. 어느 누구도 살아남지 못했던 바이러스 질환을 극복하게 한 것은 바로 뱀파이어의 힘이었던 것이다. 이젠 더 이상 죽고 싶어도 죽을 수 없는 존재가 되어 벗어나려 했던 수도원으로 다시 돌아온 상현은 예전의 일상을 되풀이하며 살게 된다.

태주는 어려서 고아가 되어 '행복 한복집'으로 입양되어 왔다. '행복 한복집'은 한복집을 운영하는 새엄마 라 여사와 선천적으로 병약한 오빠 강주가 사는 공간이다. 어렸을 때는 딸과 동생이었던 태주는 성인이 되면서 며느리와 아내로 신분이 변한다. 태주는 자신의 욕망을 알아차리지 못하는 남편과 병약한 남편을 과보호하는 시어머니 사이에서 갇혀 있는 존재처럼 하루하루 살아간다.

근대 자본주의 사회에서 생활하는 모든 주체들은 대개 많든 적든 분열증 증상을 보이게 된다. 그런데 이 현상은 근대 사회의 양면성을 드러내고 있다. 왜냐하면 인간이 하나의 주체로 탈 없이 살아가기 위해서는 분열증을 억제하고 내재화시켜야 하기 때문이다. 자본주의는 주체들이 자유롭게 행동하고 생각할 수 있도록 의식의 흐름을 조장하면서 동시에 이 흐름이 자본주의의 경계를 넘어 탈주하는 것을 방지하는 역할을 동시에 수행한다. 즉 자본주의는 주체에게 무한한 자유를 누릴 수 있게 만들어 주는 듯하지만, 그것은 어디까지나 상대적인 상황에서 가능한 것이다. 상대적인 상황이란 주체들이 자본주의의 성장에 기여할 수 있는 생산 능력을 지니고 있을 때를 말한다.

상현은 낮에는 신부로서 맡은 바 소임을 다하며 살아간다. 병든 자들을 위해 기도해 주고, 임종을 맞이하는 자들을 위해 구원의 메시지를 전해준다. 상현의 몸을 휘감고 있는 성직자 옷은 인간의 피를 갈구하는 뱀파이어의 모습을 감춰 주는 것이다. 그러나 상현의 얼굴과 몸에 퍼지는 수포는 인간의 피를 먹어야만 사라진다. 상현은 타인을 구원해 주는 성직자인 동시에 타인의 희생을 통해 목숨을 유지하는 야누스적 인물이 된 것이다. 이런 상현의 성직자 모습만을 인지하는 많은 사람들은 그의 기도를 갈구한다. 그 중의 한 명이 라 여사, 강주의 어머니였다.

죽어가는 아들을 위해 기도를 한 번 해달라는 라 여사의 간곡한 부탁을 들어 주기 위해 상현이 찾아간 병실에는 그렇게 위독해 보이지 않는 강주가 누워 있었다. 이렇게 어릴 적 친구인 강주를 만난 상현은 자주 '행복 한복 집'을 찾아가 같이 마작을 즐기게 된다. 상현의 세계이자 공간인 수도원과 병원에서, 태주의 세계이자 공간인 '행복 한복집'으로 들어 온 상현은 금욕에서 점차 욕망을 갈구하는 모습으로 변하게 된다.

반면 '행복 한복집'에서 사는 태주는 자신을 억압하고 가둔 가족으로부터 벗어나고 싶은 욕망을 끊임없이 표출한다. 그것은 태주가 밤마다 맨발로 거리를 뛰어다니는 모습을 통해 나타난다. 속옷과 맨발로 거리를 뛰어다닐 수 있는 모두가 잠든 밤만이 태주에게 허락된 유일한 탈주의 시간이 된다. 굳은살과 상처투성이인 맨발은 태주의 억눌린 의식 세계를 보여 주는 표식이다. 태주의 삶을 지배하는 억압 장치는 바로 가족이다.

'아버지—어머니—나'로 구성되는 가족의 삼각 구조는 프로이트 이후 심리학적 분석 방법에 있어서 절대적인 영향력을 행사한다. 한 주체가 미분화된 단계를 거쳐 의식을 형성하는 과정에서 이 삼각형 구조는 절대적인 진리와 같은 위치에 놓인다. 즉 '나'는 어머니와의 관계에서 오이디푸스 콤플렉스를 극복하면서 하나의 주체로 인정받을 수 있었던 것이다. 그런데 〈박쥐〉에서는 이러한 가족의 구성 관계에 대한 근본적인 회의를 던진다.

'오빠강주—어머니라 여사—나태주'의 삼각 구조는 기형적인 삼각 구조 '남편강주—시어머니라 여사—나태주'로 변한다. 오빠—누이 사이의 욕구의 회로는 들뢰즈와 가타리에 따르면 분열증—근친상간의 심급이며, 어머니—아들의 근친상간이라는 오이디푸스적 개념과 동일시되어서는 안 될 반가족적이고 반부부적인 욕구이다.[10] 그러나 태주에게는 오빠가 남편이 된 오빠—누이 사이의 반가족적이고 반부부적인 욕구마저도 제대로 형성되어 있지 않다. 이는 오빠와 어머니, 남편과 시어머니 사이에 형성된 고착 관계 때문이다. 강주와 라 여사의 관계는 여전히 상상계에 머문 어린아이처럼 어머니와의 직접적이고 거리감 없는 관계를 유지하려는 것으로 나타난다. 상상계 속에서 아이는 어머니가 오직 자기 자신만을 원하길 바라고, 어머니의 전부가 되고 싶어한다. 그러나 아이가 어머니의 전부가 될 수 없고, 어머니의 욕망이 아이를 통해 완전하게 충족될 수 없기 때문에 이 관계를 분리시킬 중개자가 필요하다. 라캉은 이 중개자를 아버지의 '이름'으로 설정했다. 아버지가 가족의 삼각형 구조를 확립하는 상징적 법으로써 작용하게 되면, 아이는 그 자신이 독립된 개체로서 욕망의 주체가 되는 것이다.[11]

그런데 강주와 라 여사의 관계를 보면 강주는 라 여사의 전부가 되고, 라 여사의 욕망은 강주를 통해 충족되고 있기 때문에, 이 관계를 분리시킬 중개자가 필요하지 않다. 그렇기 때문에 중개자의 위치에 있는 태주는 아버지의 '이름' 역할을 제대로 하지 못하게 되고, 오히려 어머니 위치와 대치되면서 '남편강주—어머니라 여사=나태주'의 이중관계를 강력하게 만드는 위치로 변하게 된다. 아버지의 '이름'이 개입하지 못한 관계 속에서 강주는 중개자를 인식하지 못하고 자아와 대상만을 인식하는 상상계 속에 머물러 있게 된다.[12] 올바른 관계를 형성하지 못한 태주는 자신을 가둬두는 '행복 한복집'으로부터의 탈주를 밤마다 꾀하기도 하고 남편을 죽이는 흉내를 내기도 한다. 그러나 아침이 되면 다시 '남편—어머니'의 이중관계 속에서 벗어나지 못하는 일상을 사는 것이다.

이런 태주에게 자신을 보며 사랑을 느끼는 상현은 태주를 독립된 개체로 존중해 주고 인정해 주는 최초의 존재가 되는 것이다. 맨발로 달리는 태주에게 자신의 신발을 신겨 주고, 상처투성이인 발에 입맞춤을 해주는 상현

그림 1.5　상현을 찾아가는 태주(좌), 병원에서 만난 상현과 태주(우)

은 태주를 독립된 개체인 욕망의 주체로 만들어 준다. '행복 한복집'을 떠나 상현의 병원을 찾아온 태주는 상현의 공간에서 진정한 욕망의 주체로 존재할 수 있는 것이다.

■ '뱀파이어가-되는-신부'와 '신부가-되는 뱀파이어'의 순환적 구조

상현은 바이러스에 감염되어 정체 모를 피를 수혈받았고, 이로 인해 인간의 피로 목숨을 연명해야 하는 뱀파이어가 되었다. 신부라는 이름 속에 뱀파이어란 사실을 숨기고 살아가는 상현은 살인만은 하지 않기 위해 노력한다. 살인은 신부와 뱀파이어 사이를 아슬아슬하게 줄타기하는 상현을 완전한 뱀파이어로 만들어 버리는 기준 좌표가 되는 것이다.

　　상현은 인간의 피를 먹지 않으면 바이러스 수포가 온몸에 퍼져 살 수 없고, 인간의 피를 먹으면 죽음을 택하고 싶어도 죽을 수 없는 아이러니한 상황에 놓여 있다. 이런 아이러니한 상황은 상현이 신부와 뱀파이어의 삶을 동시에 살아가야 하는 것에도 나타난다. 신부로서 상현은 피를 흘리며 죽어가는 사람 앞에서 피를 빨고 싶은 욕구를 참아가며 기도를 드리고, 뱀파이어로서 상현은 자신이 보살피는 식물인간이 된 환자의 피를 조금씩 빨아먹으며 살아간다. 삶을 지탱시켜야 하는 끈과 신념의 끈 중 어느 하나도 놓지 못하는 상현은 매순간 '다른-것이-됨'의 과정을 겪는 것이다. '다른-것이-됨'의 과정은 들뢰즈와 가타리가 카프카의 〈변신〉에 나오는 그레고르가 곤충으로 변하기보다는 곤충이-되는-인간으로 머물면서, 인간적인 것의 절대적 탈속령화에 참여함으로써 하나의 탈주선을 찾는 것에서 나왔다.[13]

상현은 원래 '뱀파이어가-되는-신부'의 과정만 겪었다. 얼굴과 온몸에 수포가 돋고 피를 토하며 죽어 가는 바이러스를 치료할 유일한 수단이 인간의 피를 마시는 것이었기에, 상현은 최후의 방법으로 '뱀파이어가-되는-신부'를 택하는 것이다. 얼굴에서 수포가 하나씩 사라지고 닳아가던 손끝에 새살이 돋는 것을 보면 상현은 뱀파이어가 된 것이 아니라 '뱀파이어가-되는-신부'의 과정에 머무르는 것이다.

그런데 상현에게 뱀파이어가 되는 과정이 반복되면서 수포가 생길 때는 반대로 '신부가-되는-뱀파이어'의 과정도 겪게 된다. 뱀파이어의 기운이 떨어질 때 즈음이 되면 상현은 인간의 피를 갈구하게 된다. 인간의 피에 대한 억누를 수 없는 강한 욕구와 살해 욕구를 자제해야 하는 것은 뱀파이어에서 신부가 되는 과정의 통과의례인 것이다. 뱀파이어가 된 상현은 엄청난 힘을 지닌 존재로 변했다. 그는 괴력을 지녔고 벽을 기어 올라갈 수 있으며 하늘을 날아다닐 수도 있다. 여타의 뱀파이어들은 그러한 괴력을 마음껏 사용하며 뱀파이어로 살아가기 마련이다. 그러나 상현은 자신이 가진 뱀파이어의 욕구를 억누르려 노력한다. 그는 '뱀파이어가-되는-신부'와 '신부가-되는-뱀파이어'의 구조를 되풀이함으로써 어느 한쪽에 안주하지 않고 끊임없이 다른 것이 되는 과정에 들어간다.

상현의 이러한 '다른-것이-됨'의 순환적 구조에 제재를 가한 것은 태주였다. 상현이 목숨을 유지하기 위해서는 살인을 저질러야 함에도 불구하고 '신부가-되는-뱀파이어'의 과정을 통해 이 욕구를 억누를 수 있었다. 그러나 생명 유지의 욕구보다 더 강했던 태주에 대한 구원의 욕망은 결국 태주의 남편이자 상현의 친구인 강주를 살해하는 데 이르게 한다. 상현은

그림 1.6 **뱀파이어가 된 상현과 태주**

강주가 태주를 고통 속에 있게 한 원인이라 생각하고 이에 대한 분노를 참지 못하고 물에 빠뜨려 죽게 한다. 살해를 한 상현은 '신부가─되는─뱀파이어'의 과정을 중단한다. 그리고 '이제 모든 쾌락을 갈구한다'는 말을 남김으로써 신부로서의 자신을 포기한다.

금기는 인간과 동물을 가르는 하나의 기준이 된다. 동물은 죽음과 생식과 폭력의 게임에 한껏 몰두하는 데 반해 인간은 거기에서 벗어나려고 한다. 그것은 금기의 충동이다. 그러나 조르주 바타이유가 지적했듯이 인간에게는 금기의 충동 외에도 일탈의 충동이 있어서 바로 이것에 의해 동물과 가까워진다. 금기의 충동을 선택했던 상현은 이제 일탈의 충동을 선택하며 뱀파이어 상현으로 존재하게 된 것이다.

한편 상현이 피를 나누어 주어 뱀파이어가 된 태주는 마음껏 뱀파이어의 위력을 즐긴다. 태주는 그동안 억눌린 자신의 욕망을 분출하듯 무분별한 살해를 자행하며 인간의 피를 빨아먹는 등 자신을 통제하지 못하는 광기의 모습을 보인다. 또한 태주는 자신을 괴롭힌 가족들에 대한 강한 분노를 표출한다. 특히 아들을 잃은 슬픔에 몸을 가누지 못하는 시어머니 라 여사에 대한 학대는 극에 달한다.

상현은 태주를 위해 '신부가─되는─뱀파이어'의 과정을 포기했다. 상현은 강주를 살해하는 것만이 자신이 사랑하는 태주를 구원하는 방법이라 믿었다. 그 믿음이 잘못된 것이었음을 알게 된 상현은 태주에 대해 분노가 폭발한다. 자신의 일생을 바쳐 만들어 온 신부의 길을 포기하도록 만든 진실이 거짓이었다는 것에 대해 태주의 목을 조른다. 그러나 상현은 자신이 사제의 길을 버리면서까지 얻고 싶었던 태주에 대한 사랑을 쉽게 놓지 못한다. 숨을 쉬지 못하는 태주에게 자신의 피를 나누어 줌으로써 뱀파이어로 다시 살아나게 만들어 놓은 것이다. 뱀파이어는 태주의 억눌리고 갇힌 욕망을 탈출시킬 수 있는 출구가 되었다.

이제 상현과 태주는 뱀파이어의 피를 나눈 한 몸인 양 '행복 한복집'에 기거하며 같이 살아간다. 그러나 '신부가―되는―뱀파이어'의 길을 포기한 상현과 뱀파이어가 된 자신을 즐기는 태주가 나아가는 길은 여전히 다르다. 그 길은 자살을 원하는 사람들의 피를 조금씩 마시며 목숨을 연명하는 상현과 아무나 죽여 피를 빨아먹는 태주의 모습에서 극명하게 나타난다. 목적을 떠나 사람들이 청하는 도움의 손길을 잡아 주는 상현과 자신의 목적을 위해 수단을 가리지 않는 태주는 정반대의 모습으로 나타나지만, 이는 인간이 지닌 극단적 양면성을 보여 주는 모습이기도 하다. 상현이 반복적으로 보여 준 '다른―것이―됨'의 과정 중 태주는 '뱀파이어가―되는―신부'의 측면을, 상현은 '신부가―되는―뱀파이어'의 축을 나타내는 것이다. 다시 말해 상현과 태주의 상반된 태도는 인간의 무의식에 금기의 충동과 일탈의 충동이 동시에 내재되어 있는 아이러니함을 보여 주는 것이다.

■ 바라봄과 보여짐의 왜곡된 시선으로부터의 탈출

〈박쥐〉에서 뱀파이어가 된 상현과 태주가 서로 관계를 맺는 과정을, 그리고 타인과 관계를 맺는 과정을 주체의 바라봄과 보여짐의 분열 과정[14]을 통해 분석해 보고자 한다. 〈박쥐〉에서는 주체가 바라보는 시선만이 진실이 아니라는 사실이 반복적으로 나타난다. 즉 주체가 바라보는 시선이 진실을 오해할 수 있다는 사실을 폭로해 주고 있다.

상현은 태주의 허벅지에 난 상처가 강주의 폭력에 의한 것이라 여긴다. 태주가 강주 때문에 힘겨운 삶을 살아가고 있다고 여긴 상현은 태주를 위해 강주를 살해한다. 그러나 그 상처는 태주가 스스로 낸 것으로, 상현에게 왜곡된 사실을 인식하게 하여 행동하게 만든 것이다. 상현은 자신이 본 태주의 상처와 그녀가 학대받고 있다고 느낀 상황을 고려하여 허구를 진실로 받아들이고 살해를 저지른 것이다. 자신이 바라본 시선이 잘못된 것이었음을 알게 된 상현은 이제 자신을 바라보는 왜곡된 시선을 무너뜨리게 된다.

상현은 뱀파이어가 되어 괴력을 지니게 된 자신의 본 모습을 모르고, 단지 사제자로서 초인적인 능력을 지닌 신적 존재로 추앙하는 신앙인들에 대한 바라봄의 시선을 의도적으로 망가뜨린다. 상현은 자신의 구원을 기다리는 병든 자들을 찾아가 한 여성을 성폭행하는 척을 함으로써 자신을 추앙하던 사람들의 왜곡된 환상을 깨뜨린 것이다.

이렇듯 상현이 바라보는 시선의 왜곡된 사실을 인식한 것은 강주의 살해가 자신의 잘못된 시선 때문이었다는 것을 자각한 이후이다. 그러한 상현의 심경의 변화는 〈그림 1.7〉에 나타난 상현과 태주, 강주의 관계를 보여주는 이미지에서도 보인다.

왼쪽 이미지와 가운데 이미지는 강주가 살아 있을 때 상현과 태주, 강주의 위치로 태주를 사이에 둔 두 남자의 관계를 드러내고 있다. 상현이 강주를 바라보는 시선은 태주를 억압하는 비정상적인 남편이었던 것이다. 그러나 상현이 자신의 시선이 잘못되었다는 것을 인식한 이후 오른쪽 이미지에

그림 1.7 상현, 태주, 강주의 변화된 관계 구도

서 보이는 것처럼 상현과 태주의 관계 사이에 죽은 강주의 형상이 끼어든다. 상현과 태주는 서로 바라볼 수 없고 강주에 의해 보여짐을 당하는 상태로 변하게 되는 것이다.

상현은 태주의 살해 행각을 막고자 태주의 시선을 교란시킨다. '행복 한복집'에 모여 마작을 하던 날, 태주에게 승대와 영두가 살해된다. 상현은 더 이상의 죽음을 막고자 자신이 이블린의 피를 빨고 있는 척하는 모습을 보여준다. 태주의 바라보는 시선은 상현의 위장된 거짓을 사실인 양 받아들인다. 주체가 바라보는 것이 진실이라는 사실이 모두 전복되는 것이다.

〈박쥐〉에는 상현과 태주의 행태를 바라보고 있는 중요한 시선이 등장하는데, 그것은 바로 그들이 죽인 강주의 어머니 라 여사의 시선이다. 강주의 죽음 이후 눈과 손가락 하나를 제외한 모든 기관이 마비가 된 라 여사는 하루종일 상현과 태주의 모습을 바라본다. 그러나 상현과 태주는 라 여사의 시선을 의식하지 않는다. 오히려 라 여사가 자신들의 모습을 자세히 지켜볼 수 있도록 만들어 준다. 바이러스가 침투하여 죽어 가던 태주가 상현이 데리고 온 의사의 피를 무참히 빨아먹을 때도, 오랜만에 마작을 하러 놀러온 영두와 승대를 살해할 때도, 라 여사는 상현과 태주를 바라보고 있다. '행복 한복집'의 복도에 쓰러진 채 상현과 태주의 행각을 바라보던 라 여사와 눈이 마주친 상현은 순간적으로 움찔하는 모습을 보인다.

인간의 시각은 보기만 하는 시선이 아니라 보여짐이 함께하는 중첩적인 것이다. 따라서 보여지고 있는 자신을 인지하는 순간 평면적인 시선이 아닌 공간적인 응시가 생긴다. 평면적인 시선은 인간이 볼 수 있는 180도에서 생기고, 공간적인 응시는 그 나머지 180도에 존재한다.[15]

지금까지 상현과 태주는 라 여사의 얼굴을 마주 보며 살아왔다. 이들은 서로의 시선을 확인할 수 있는 평면적인 시선이 교차하는 공간 속에 있었던 것이다. 그런데 '행복 한복집'을 떠나는 상현과 태주는 자동차 뒷좌석에 라 여사를 태운다. 이제 라 여사에게는 상현과 태주를 바라보지만 그들은 라 여사의 시선을 바라볼 수 없는 공간적인 응시가 가능해졌다. 보여짐을 아는 주체는 비로소 거울단계를 벗어난 주체로 설 수 있는 것이다. 그러나 보여 짐을 아는 뱀파이어가 주체로 설 수 있는 탈출구는 존재하지 않는다.

그렇기에 모든 쾌락을 갈구하게 되었지만 그 쾌락의 극단에서 끊임없 이 갈등했던 상현은 자신의 유일한 욕망 대상이었던 태주와 함께 햇빛을 쬐는 최후의 탈출구를 마련한다. 뱀파이어로서의 최후를 맞이하려는 탈출 구는 '신부가-되는-뱀파이어' 혹은 '뱀파이어가-되는-신부'의 과정에 있 던 상현이 할 수 있는 마지막 선택이었다. 여전히 뱀파이어로 남기 원하는 태주는 완강하게 저항하지만 결국 다음 생을 약속하며 함께 햇빛을 맞이한 다. 〈박쥐〉는 신부와 뱀파이어라는 두 얼굴로 살아가야 했던 상현의 부조 리한 삶을 통해 금욕과 쾌락, 믿음과 배신, 선과 악, 삶과 죽음, 진실과 거 짓의 이원론적 시선을 전복시켜 욕망의 흐름에 따른 탈주의 선을 보여 주 는 것이다.

(3) 광고 스토리텔링

상품의 기능과 품질이 일정 수준 이상 유지되고 있는 오늘날 소비 시 장에서 소비자의 눈길을 사로잡는 것은 바로 상품 속에 스며 있는 스 토리텔링이다. 브랜드는 눈에 보이지 않는 무형의 가치이지만, 상품과 기업의 생명력을 연장시키는 놀라운 힘을 가지고 있다. 광고에서 스 토리텔링은 상품을 소비하고 브랜드를 인지시키는 중요한 역할을 담 당한다.

경쟁 기업의 상품과 차별화시키고자 하거나 상품의 부가적인 가 치를 인식시키고자 할 때 효과적으로 사용되는 전략이 바로 스토리텔링이다. 스토리가 있는 상품, 스토리가 있는 기업은 차별화된 브랜드를 형성할 수 있는 기회를 갖는다. 스토리텔링이 들어 있는 광고는 대개 소비자의 감성에 호소한다. 이성적이고 합리적으로 상품의 기능에 대해 설명하는 것이 아니라 상품이 가지고 있는 이미지 속 스토리텔링을 통해 감성적이고 직관적인 사유에 호소하는 것이다.

1990년대에 연재물의 형식을 가진 광고가 등장했다. 연재 광고는 소비자에게 강한 호기심과 궁금증을 유발시키는 능력이 있다. 그 능력은 광고 속에 들어 있는 다음에 진행될 스토리에 대한 소비자들의 기대감을 이끌어 내는 것이었다. 단순한 상품 선전이 아닌 영화나 드라마를 보는 듯한 연재 광고는 강렬한 몰입감과 긴 여운을 소비자에게 남긴다. 왜냐하면 1분 이내의 짧은 시간 동안 영화나 드라마에서 느낄 수 있는 감동과 긴장, 다음 회에 대한 기다림이 모두 들어 있었기 때문이다.

일례로 몇 년 전 제작된 삼성 애니콜의 '애니스타일'에서는 한 편의 추리소설을 보여 주었다. 애니콜 홈페이지에 원작 스토리텔링이 존재하고 있었고, TV 광고는 매체에 맞게 30초짜리 스토리텔링으로 제작되었다. 잃어버린 반지의 범인을 찾아가는 애니스타일의 스토리텔링은 영원한 사랑에 대한 의미를 소비자에게 전달한다. 휴대폰 선전이지만 영원한 사랑에 대한 의미를 전달해 줌으로써 휴대폰은 자연스레 영원한 사랑의 이미지를 획득하게 되는 것이다. 이제 휴대폰은 전화의 기능보다는 휴대폰이 담아 내고 있는 추상적 가치에 의해 소비되는 것이다.

이러한 연재 광고는 상품의 이미지를 전달하는 데 훌륭한 하나의 표현 수단이다. 보다 중요한 것은 연재 광고 안에 들어 있는 스토리텔링이다. 훌륭한 스토리텔링은 상품의 생명력을 연장시킨다. 1999년 론칭한 롯데칠성음료의 '2% 부족할 때'의 경우 10여 년 지난 지금까지 핵심 스토리를 통해 브랜드 가치를 유지하고 있다. 원래 브랜드 가치 그 자체는 공허한 단어에 불과하다. 브랜드 가치가 의미 있게 되기 위해서는 스토리텔링의 과정을 거쳐야 한다. 브랜드 가치를 핵심 스토리로 표현하는 것은 자연스럽고 당연히 되어야 할 과정이다. 핵심 스토리는 브랜드 가치에 동기를 제공하고 소비자와의 공감대를 형성하도록 만든다. 핵심 스토리로 브랜드 가치는 특별한 의미를 지니게 되고 이성뿐만 아니라 감성에도 호소할 수 있도록 만든다.

롯데칠성음료의 대표 이미지는 '칠성사이다'였다. 흑백영화 속에서 삶은 달걀과 함께 등장하던 칠성사이다의 이미지는 신세대들에게는 낡은 옛것의 고루함 그 자체였다. 20대를 주 타깃으로 삼은 '2% 부족할 때'는 롯데칠성음료의 칠성사이다 이미지가 아닌 새롭고 혁신적인 것이 필요했다. 처음에 이 음료가 제시한 2%의 핵심 스토리는 내 몸에 부족한 물 2%를 채워 주는 새로운 물의 콘셉트였다. 당대 최고의 인기를 구가하던 여성 그룹 가수를 통해 난 노는 물이 다르다는 말로 '2% 부족할 때'의 브랜드를 제시하려 하였으나, 이 콘셉트에는 스토리가 들어 있지 않아 소비자에게 어떤 강렬한 인상을 남겨 주지는 못했다. '2% 부족할 때'가 소비자에게 강렬하게 인식된 것은 남녀의 사랑 이야기를 담아 내기 시작한 순간부터였다.

20대 남녀의 사랑 이야기는 시대를 초월한 관심의 대상이다. '2% 부족할 때'는 '사랑은 언제나 목마르다'는 문구를 통해 부족한 2% 사랑 때문에 고통 받는 남녀의 모습을 사실적으로 그려냈다. 소비자는 이 광고를 보면서 신분 때문에, 사회적 성공 때문에, 돈 때문에 사랑이

흔들리는 스토리에 완전히 빠져든다. 신분의 차이 때문에 고통 받는 '우리 그냥 사랑하게 해 주세요', 사회적 성공과 사랑 사이에서 갈등하는 남자의 '널 만난 뒤로 제대로 되는 일이 하나도 없어', 돈과 사랑 사이에서 선택을 하는 여자의 '여자에게 김중배의 다이아반지도 사랑이다'는 문구는 소비자에게 그대로 전달되어 감성을 흔들어 놓았다. '사랑은 언제나 목마르다'는 브랜드 콘셉트를 여러 가지 갈등을 통해 제시하면서 소비자와 공감대를 형성한 이 광고로 '2% 부족할 때'는 성공적인 브랜드 아이덴티티^{BI: Brand Identity}를 확립하게 된 것이다. 이후 '2% 부족할 때'는 사랑이 아니더라도 어떤 일을 완성할 때 마지막 부족한 그 무언가를 일컫는 말로 소비자 사이에서 널리 사용되게 되었다. 성공적인 브랜드 아이덴티티는 스토리텔링을 통해 확립되고 확장되는 것이다.

스토리텔링은 우리에게 상품을 판다. 우리는 이성이 아닌 감성적 직관을 이용하여 스토리가 들어 있는 상품을 선택한다. 고급 생수의 이미지를 가지고 있는 에비앙의 경우에는 실제 지명을 이용해 스토리텔링을 창작해 낸 사례에 해당한다. '에비앙'에는 프랑스의 에비앙이라는 지역으로 휴양을 온 귀족 부인이 그 곳의 물을 마신 후 건강해졌다는 스토리텔링을 가지고 있다. 이 이야기를 통해 귀족이 마시는 고급스러운 물이라는 이미지를 갖게 된 에비앙은 타 제품에 비해 비싼 가격에도 소비자가 에비앙을 사도록 유혹하는 것이다.

복분자 술에는 재미있는 옛 이야기가 담겨 있다. 옛날 한 노인이 산에서 맛있는 열매를 따먹은 후 집에 와서 소변을 보니 요강이 뒤집힐 만큼 힘이 세졌다고 한다. 그래서 이 열매를 뒤집어질 복^覆, 동이 분^盆자를 써서 복분자라고 한다는 이야기가 함께 복분자 술이 소비자에게 팔린다.

그림 1.8 **애플 사의 로고**

애플^{apple} 사의 한 입 베어 물은 사과 로고에는 1954년 영국의 천재 수학자 앨런 튜링을 기리는 스티븐 잡스의 마음이 들어 있다. 27세에 이미 현대 컴퓨터의 모델을 고안할 정도로 수학에 천재적인 능력을 가지고 있었던 앨런 튜링은, 동성애자란 이유로 1952년 법원에서 유죄 판결을 받았다. 에스트로겐 주사로 화학적 거세를 받지만, 신체의 변화를 겪으며 앨런 튜링은 결국 1954년 42세의 나이로 생을 마감한다. 앨런 튜링은 "사회가 나를 여자로 변하도록 강요했기 때문에 순수한 여자가 할 만한 방식으로 죽음을 택한다"며, 청산가리를 주입한 사과를 베어 물고 자살을 한다. 20여 년 뒤 스티브 잡스는 인류 최초의 개인용 컴퓨터를 만들었고, 그 이름을 '애플^{apple}'이라 지었다. 당연히 애플의 로고는 한 입 베어 먹은 사과의 모습이었다.

때로는 경쟁 상품과의 의도적인 상황 설정을 통해 소비자가 스토리텔링을 만들어 내도록 유도하기도 한다. 코카콜라를 넘어서려는 펩시콜라는 코카콜라 직원이 몰래 코카콜라 깡통에 펩시콜라를 넣어 마시는 장면을 광고로 연출하였다. 버거킹 햄버거 가게에 온 맥도날드 아저씨가 있는가 하면, 아이리버 회사의 광고는 사과를 먹는 광고를 통해 경쟁 상대인 애플사를 상징적으로 드러내기도 한다.

사람들은 기업이나 상품을 경쟁사와 차별화시키기 위해, 혹은 소비자에게 상품의 기능적 가치를 넘어 부가적 가치를 제공하기 위해 경우 스토리텔링을 적극적으로 이용한다. 이미 스토리텔링이 적용된

그림 1.9 펩시콜라, 버거킹, 아이리버 광고(좌측부터)

광고는 무수히 많다. 스토리만큼 소비자를 끌어들이고 강렬한 기억을 남길 수 있는 장치는 없다. 스토리텔링은 상품을 차별화시키고 브랜드 아이덴티티를 확립할 수 있는 최상의 도구이다.

제 2 장

스토리텔링, 디지털 미디어를 만나다

1. 디지털 미디어의 특성과 가상계의 출현[16)

(1) 디지털 미디어의 기술적 특성

우리는 연속적으로 변하는 시·공간으로 구성된 물리계에 존재한다. 이 물리계의 신호들은 물리적 매체의 특징에 따라 연속적인 변화를 갖는 연속 신호이다. 아날로그 미디어는 우리가 살고 있는 물리계의 특징에 따라, 물리적 신호를 연속적인 방법에 따라 표현하고 처리하며 전달하는 매체이다. 따라서 아날로그 미디어는 표현하고자 하는 신호의 물리적 특징에 의해 규정된다. 그리고 아날로그 미디어의 표현 및 전달 방법도 신호의 물리적 특징에 종속될 수밖에 없다. 예를 들어 음성을 녹음하고 다시 재현하는 아날로그 미디어인 테이프 레코더를 생각해 보자. 녹음하고자 하는 사람이 성대를 울려 시간에 따라 연속적으로 변하는 음성 신호를 만들어내면, 이 음성 신호는 연속적으로 변하는 전기 신호로 마이크를 통해 변환되고, 마그네틱 테이프에 저장된다. 마그네틱 테이프에 저장된 신호는 시간에 따라 연속적으로 변하는 물리 신호이다. 이처럼 아날로그 미디어는 연속적인 변화를 갖는 신호의 물리적 특징에 따라 규정된다.

반면 디지털 미디어는 물리계의 연속적인 신호를 아날로그에서 디지털로 변환하는 과정을 거친다. 이 과정에서 디지털 미디어는 아날로그 신호를 불연속적인 수의 나열, 즉 매트릭스^{matrix}인 디지털 신호로 변환한 후, 변환된 디지털 신호를 처리하고 전달한다. 여기에서 아날로그 신호를 디지털 신호로 변화하는 과정을 인코딩^{encoding}이라 한다. 그리고 디지털 신호로 변환된 신호를 다시 물리계의 아날로그 신호로 변환하는 과정을 디코딩^{decoding}이라고 한다. 디코딩 과정을 통해 디지털 신호는 우리가 인지할 수 있는 물리적 신호로 다시 변환되는 것이다.

디지털 미디어가 아날로그 미디어와 구분되는 주목할 만한 기술적 특징이 여기에 있다. 디지털 미디어에서는 연속된 물리적 신호를 물리계로부터 독립적인 숫자의 나열로 변환해 처리하고, 이를 다시 물

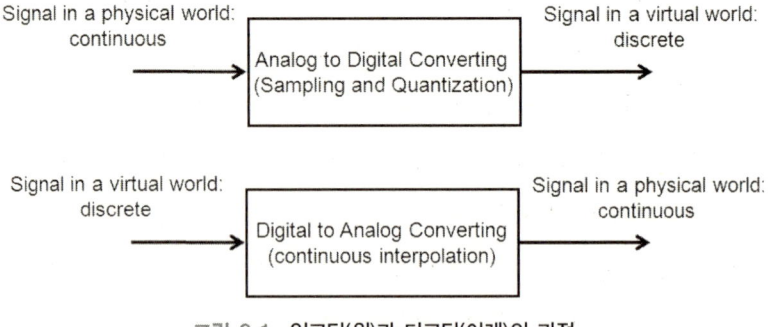

그림 2.1 인코딩(위)과 디코딩(아래)의 과정

리적 신호로 변환해 전송한다. 이 때문에 디지털 미디어의 처리와 전송 과정은 물리계 신호의 특징으로부터 자유롭다. 즉 변환된 디지털 신호는 물리계로부터 얻은 어떤 신호와는 무관한 숫자의 나열이 된다. 예를 들어 디지털 미디어인 보이스 레코더를 살펴보자. 보이스 레코더는 음성 신호에 따른 전기 신호를 생성하고, 이를 아날로그에서 디지털로의 변환analog to digital converter 과정을 거쳐 숫자의 나열인 디지털 신호로 만들어 저장한다. 이때 보이스 레코더에 저장되는 신호는 연속된 물리적 신호가 아니라 물리계와 독립적인 숫자의 나열이 된다. 따라서 보이스 레코더에 저장되는 신호는 불연속적인 디지털 신호이다. 이러한 신호는 한글 워드프로세서에서 입력된 한글 문서와 동일한 숫자의 나열이고, 캠코더를 통해 추출된 영상 신호인 디지털 신호와도 같은 숫자의 나열이다. 이렇기 때문에 보이스 레코더는 음성 신호뿐만 아니라 텍스트로 구성된 한글 문서도 저장할 수 있고, 그림 파일도 저장할 수 있는 메모리로도 사용될 수 있다. 이와 같이 음성도 녹음하고 데이터도 저장할 수 있는 디지털 미디어의 다용성versatility은 디지털 미디어의 기술적 특징에 기인한다. 이러한 기술적 특징을 기반으로 우리는 디지털 미디어의 출현을 목격하게 되었고, 드디어 물리계로부터 독립적인 새로운 세계 속으로 들어갈 수 있게 되었다.

(2) 가상계의 출현

디지털 미디어의 기술적 특징을 기반으로 가상현실, 바로 가상계virtual world가 등장했다. 가상계는 물리계의 신호로부터 독립적인 숫자의 나열matrix로 구성되어 있다. 이 숫자의 나열로 구성된 가상계는 일차적으

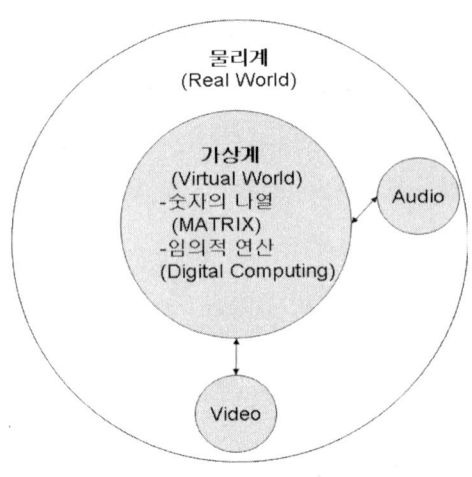

그림 2.2 **가상계의 구조**

로 물리적 신호로부터 변환되어 형성된 세계이고, 이 안에서 처리와 전송의 과정을 거친 후 물리계로 다시 표현되는 공간을 만들어 낸다. 가상계 안에서 디지털 신호의 처리 및 전송은 물리계 신호에 종속되지 않고 독립적으로 이루어진다. 그리고 가상계를 통한 표현은 디지털을 아날로그로 변환시키는 디코딩 작업에 의해 임의로 합성해낼 수 있다. 다시 말해 디지털 미디어는 물리계에 존재하는 신호뿐만 아니라 임의로 합성한 디지털 신호를 물리계에서 인지할 수 있게 표현할 수 있다. 물리계에서 존재하지 않는 신호를 가상으로 합성하고 그것을 표현할 수 있는 세계가 우리에게 펼쳐지는 것이다. 마치 컴퓨터 게임의 공간처럼 말이다.

우리는 컴퓨터 게임을 통해 가상현실을 경험한다. 가상현실은 가상계가 마치 현실과 같은 느낌을 주는 공간을 일컫는다. 컴퓨터 게임은 실제로 존재하지 않지만, 존재할 것 같은 상상의 공간을 만들어 놓는다. 이를 가능하게 한 것이 디지털 미디어의 기술적 특징을 기반으로 출현한 가상계 때문이다. 그리고 우리가 이를 실재처럼 자연스럽게 받아들일 수 있는 것은 디지털 신호를 아날로그 신호로 변환시키는 디코딩 기술의 비약적인 발전 때문이다. 존재하지 않는 공간, 사물, 캐릭터를 숫자의 나열로 합성하여 연속된 물리적 신호로 표현하는 디지털 기술의 발전으로 인해 문화콘텐츠도 꾸준한 성장을 지속하고 있다. 물론 아직 2차원 영상에 머무르고 있는 디지털 기술이 좀 더 발전하여 3차원 영상을 만들어낼 수 있다면, 우리가 오늘날 접하고 있는 가상계는 더욱 현실과 같은 가상계가 될 것이다.

오늘날 디지털 기술이 들어가지 않은 영화를 찾아보기 힘들 정도로 디지털 미디어 기술은 영화에도 접목된다. 영화 속 상상의 공간은 이제 디지털 기술에 의해 가상 세계로 탄생한다. 천만 관객을 불러들인 〈왕의 남자〉[2005]의 경우, 천만 관객을 돌파한 〈실미도〉[2003], 〈태극기 휘날리며〉[2003], 〈괴물〉[2006], 〈해운대〉[2009] 중 최저 제작비 44억으로 만들어졌다. 최저 제작비가 가능했던 이유는 16세기 한양의 분위기를 실감나게 재현할 수 있었던 디지털 기술에 있었다. 한국콘텐츠진흥원의 문화원형 콘텐츠 발굴 제작 프로젝트를 활용하여 만든 디지털 복원 콘텐츠는 〈왕의 남자〉가 제작비를 절감하면서도 양질의 무대를 만들어낼 수 있는 기반을 마련해 주었다.

디지털 영화는 콘텐츠 측면과 커뮤니케이션 과정의 측면, 제작방식의 측면에서 디지털 기술이 들어간 것을 말한다. 콘텐츠 측면에서 살펴보면, CG, 디지털 합성 등의 디지털 기술을 이용해 만들어진 컴퓨터 이미지를 콘텐츠에 포함하고 있는 영화를 말하고, 커뮤니케이션 과정의 측면에서 보면 위성, 광케이블, 광학 패키지 등과 같은 디지털 전송 방식으로 배급되어 디지털 영상기에 의해 상영되는 영화를 말한다. 제작 방식 측면에서 보면 소형이나 저가의 디지털 촬영 및 편집 장비를 이용하여 소수의 제작 인력에 만들어진 저예산 영화를 말한다. 그동안 디지털 영화는 저예산 영화를 주로 지칭했었으나, 디지털 기술이 보편화되어 적용되는 오늘날에는 대부분 영화를 디지털 영화라고 말할 수 있다. 디지털 영화는 실사, 페인팅, 이미지처리, 합성, 2D와 3D 컴퓨터 애니메이션이 합쳐진 것이다.

스타워즈 시리즈는 '스타워즈 클래식' 3부작이 먼저 발표된 후, '스타워즈 프리퀄' 3부작이 후에 만들어졌다. 1977년 에피소드 4 〈새로운 희망〉, 1980년 에피소드 5 〈제국의 역습〉, 1983년 에피소드 6 〈제다이의 귀환〉 이후, 1999년 에피소드 1 〈보이지 않는 위험〉, 2002년 에피소드 2 〈클론의 습격〉, 2005년 에피소드 3 〈시스의 복수〉로

그림 2.3 〈스타워즈〉의 한 장면

28년에 걸친 대장정의 막을 내렸다. 〈스타워즈〉의 감독 조지 루카스는 다음과 같은 말로 디지털 기술이 있었기에 완성할 수 있었던 자신의 작품에 대해 이야기하고 있다.

> 디지털 기술은 영화의 제작 방식을 근본적으로 바꾸고 있다. 이것은 영화 제작자로서 나를 흥분시킨다. 왜냐하면 이것은 내가 이야기하기를 원하는 이야기를 말할 수 있는 도구로서의 팔레트를 엄청나게 확장시키기 때문이다. '스타워즈(에피소드 2)'는 이전에 존재했던 어떤 영화보다도 더 진보된 디지털 영화 제작 기술을 채택하고 있다. 그것은 디지털 기술로 촬영되었고 디지털 기술로 편집되었으며 영상적·음향적 특수 효과들이 디지털 기술로 생산되었다. 많은 극장에서 이 영화는 디지털 기술로 상영될 것이다.[17)]

(3) 디지털 미디어의 표현 및 전달 매체로의 특징

디지털 미디어의 기술적 특징과 가상계의 출현을 기반으로 디지털 미디어가 표현 및 전달 매체로서 가진 특징을 추출해낼 수 있다. 디지털 미디어가 표현 및 전달 매체로서 가지는 특징은 크게 다섯 가지로 나타난다. 그것은 첫째, 내용과 표현의 분리separation between contents and representation, 둘째, 트랜스미디어transmedia, 셋째, 다용성versatility, 넷째, 저가low cost, 다섯째, 쉬운 사용법easy use이다.

첫 번째 특징인 내용과 표현의 분리는 가상계의 등장을 통해 나타났다. 가상계가 출현하면서 디지털 미디어를 통한 표현은 더 이상 물리계에 종속되지 않고 임의대로 표현될 수 있다. 아날로그 미디어에서는 물리계의 음성은 음성으로만, 영상은 영상으로만 표현되어야 하기 때문에 내용과 표현이 일 대 일 대응 관계를 갖는다. 그렇기 때문에 내용과 표현은 불가분의 관계를 갖게 된다. 그러나 디지털 미디어에서는 물리계의 신호를 우선 디지털 신호로 변환하는 과정을 거치고 그를 처리 전송하여 다시 물리계의 신호로 변환해 표현하는 과정에 가상계가 존재하게 된다. 디지털 미디어는 물리계 신호와는 무관하게 가상계로 전환되며, 이를 임의적으로 다시 물리계로 전환해 표현할 수 있다. 예를 들면 음성 신호를 숫자의 나열로 변환시키고, 이를 무조건 음성으로 표현해야만 하는 것이 아니라 영상으로도 표현할 수도 있는 것이다. 이렇게 아날로그 미디어에서는 내용과 표현이 불가분의 관계에 있던 것이 디지털 미디어에서는 내용과 표현의 분리가 가능해진 것이다.

두 번째 특징인 트랜스미디어transmedia는 하나의 미디어로 담아낼 수 없는 추상적이고 통합적인 의미를 각기 다른 미디어에 담아내는 것을 말한다. 이는 미디어의 특성에 따라 내용물을 개작, 변형시키는 개념이 아니다. 하나의 공통된 관심사에 대해 다각도의 시각으로 바라보고, 다양한 미디어에 의미를 담아내는 것이다. 트랜스미디어는 여러 미디어를 통해 표현되지만 서로 연관되면서 내용의 폭과 깊이를 확장시킨다.

세 번째 특징인 다용성versatility은 앞서 디지털 기술의 특징에서 설명한 것처럼, 하나의 디지털 미디어에 집약되어 있는 다양한 쓰임새를 말한다. 휴대전화가 전화 기능뿐만 아니라 음악 재생, 사진 및 동영상 촬영, 인터넷 등의 다양한 기능을 동시에 가지고 있는 것이 바로 이러한 특징을 반영한 것이다.

그리고 네 번째 특징인 저가low cost와 다섯 번째 특징인 쉬운 사용법^{easy use}은 디지털 미디어의 보급과 문화사회적인 측면에 커다란 영향력을 끼쳤다. 디지털 미디어는 신호 변환과 전송 방식을 물리계로부터 독립적인 가상계에서 처리할 수 있게 되었고, 이에 따라 동일한 기술적 기반으로 다양한 물리계의 신호들을 통합해서 다룰 수 있게 되었다. 이렇게 되다 보니 디지털 미디어는 다용성을 획득하면서 동시에 개발 비용의 절감을 가져와 아날로그 미디어에 비해 낮은 가격대를 형성하게 되었고, 디지털 미디어의 대중적인 이용을 가능하게 하였다. 뿐만 아니라 다용성에 기인한 디지털 미디어의 통합으로 디지털 미디어의 사용 방법이 가상계에서 이루어지고 있어 누구나 사용 방법을 쉽게 익힐 수 있게 되었다. 사진기와 캠코더의 기능을 각각 익혀야 했던 아날로그 미디어와는 달리 버튼 하나로 쉽게 조작할 수 있는 디지털 미디어의 이 특징으로 우리들은 디지털 미디어를 매우 쉽게 작동할 수 있게 되었다.

이러한 디지털 미디어의 표현 및 전달 매체로서의 특징은 디지털 미디어를 사용하는 데 부담감을 없애 주었다. 또한 그동안 수동적 입장에 있었던 소비자들에게 콘텐츠를 창작해 낼 수 있는 능동적 환경을 제공하고 있다.

2. 하이퍼텍스트 기술과 활용[18]

기술의 발전은 형식을 변화시키고, 형식은 내용을 변화시킨다. 그러나 우리는 종종 디지털 미디어 기술의 놀라운 발전에 경도되어 위험한 오류에 빠지곤 한다. 그 오류는 문화콘텐츠에 최첨단 기술을 적용시키는 것이 곧 디지털 시대의 문화를 창조해 내는 것이라고 생각하는 것이다. 막대한 제작 비용을 들이고도 참담한 실패를 맛볼 수밖에 없었던 몇몇 문화콘텐츠들을 살펴보면, 그 원인은 화려한 시각적 표현과 기술에 비해 너무나 엉성한 스토리에 있었다. 예나 지금이나 문화를 향유하려는 사람들은 잘 엮어진 스토리를 통해 감정의 정화를 경험하려는 욕망을 강하게 가지고 있다. 그런데 이러한 욕망의 충족이 현란한 디지털 미디어 기술의 빛에 가려 소외되는 경우가 종종 발생하곤 하는 것이다. 여전히 사람들은 이야기를 원하고 있는 데도 말이다.

(1) 별이 빛나는 새로운 창공

"별이 빛나는 창공을 보고, 갈 수가 있고 또 가야만 하는 길의 지도를 읽을 수 있던 시대는 얼마나 행복했던가?"[19]라고 외치던 루카치. 그는 이 시대의 문제적 자아가 길을 잃고 헤매는 과정을 문자로 표현해 낸 것이 소설이라고 했다. 이 시대는 별빛을 잃은 시대, 그 안에서 우리는 모두 길을 잃고 헤매는 문제적 자아였다. 쿠텐베르크가 발명한 활자와 함께 수 세기 동안 맹위를 떨치고 있는 근대는 우리에게 시간의 흐름에 따른 합리적이고 인과적인 사고를 종용했다. 이러한 시대에서 소설은, 문제적 개인이 본래의 정신적 고향과 삶의 의미를 찾아 길을 나서는 자기 인식에로의 여정을 담아 내는 인간의 정신적 산물로 오랜 세월 자리매김해 왔다.

그런데 오늘날 시대는 바뀌었고, 새로운 공간이 형성되고 있다. 비약적인 변화를 거듭하고 있는 디지털 기술이 우리에게 별이 빛나는 새로운 창공을 만들어 준 것이다. 별이 빛나는 창공 속에서 우리는 어느 한 곳에 정착하지 못하고, 자신의 흔적을 남기지 못하는 유목민이 되어 이리저리 떠돌아다니고 있다.

　디지털 기술은 우리에게 '가상현실virtual reality'의 공간을 실재의 공간처럼 자연스럽게 받아들이게 하였다. 우리는 가상현실 속에서 더 이상 문제적 자아가 아닌 또 하나의 나, 아바타가 되어 살아가고 있다. 근대가 형성한 이분법적 사고에 따른 '나'는 '남'과 구별되는 주체이다. 그러나 이 시대의 '나'는 타인과 구별되는 내가 아닌, '나'와 구별되는 또 다른 '나'이다. 마치 홍길동이 여덟 개의 홍길동을 만들어 실재와 가상의 홍길동을 구별하지 못하는 것과 같다. 별이 빛나는 창공과 같은 웹의 바다에서 여러 개로 갈라진 '나'는 이리저리 헤엄치고 있는 것이다.

　시대와 기술의 변화와 함께 인간의 사고와 정신의 패러다임도 변화하고 있다. 그것은 근대에서 탈근대de-modern로의 이행으로 볼 수 있다. 근대는 이성, 합리, 이데올로기, 법, 가족 등의 질서를 내세워 인간을 끊임없이 억압하고 구속하였다. 근대는 절대적 주체의 코기토 개념, '나는 생각한다 고로 존재한다'의 개념으로 모든 현상을 이원화시켰다. 주체가 존재한다는 것은 자신이 생각하고 있다는 사실을 인식하고 있을 때 성립한다. 다시 말해 사유를 한다는 전제 조건 위에서 주체의 존재가 가능해지는 것이고, 만약 사유를 하지 않는다면 주체의 존립은 불투명해진다는 것이다. 예를 들어 A와 B가 C라는 친구에 대해 이야기를 하고 있다. C는 A와 B가 자신의 이야기를 하고 있다는 사실을 알지 못한다. 그러나 A와 B의 이야기 속에서 C라는 주체는 존재하게 된다. 바로 가상의 상태로 존재하는 것이다. 생각해야만 존재하는 주체가 아닌, 내가 생각하지 않는 곳에서도 나는 존재하는 것이 성립된다. 본래 근대는 모든 사실과 현상이 합리와 이성에 의해 설명될 수 있어야 한다. 완결된 자기 동일성을 갖춘 근대와는 달리 탈근대는 근대성으로부터의 벗어남, 즉 갖가지 형태의 벗어남을 가리키게 된다.

이러한 패러다임의 변화는 하이퍼텍스트의 등장으로 가능해졌다. 하이퍼텍스트는 하이퍼링크가 되어 있는 문서를 말한다. 하이퍼링크hyperlink란 '한 개체가 다른 개체와 연결link되어 있다'에 '공간의 3차원은 넘어서는hyper'의 결합사가 붙어 만들어진 용어이다. 한 개체를 클릭하면 다른 개체로 연결되는데, 이들 간의 연결 고리는 웹 상에서 일어나는 순식간의 공간 이동에 의한다. 이렇게 하이퍼링크되어 있는 문서는 곧 하이퍼텍스트가 되는 것이다.

하이퍼텍스트는 컴퓨터의 발달과 정보망 형성 등의 기술뿐만 아니라, 만화, 영화, 게임 등과 같은 문화콘텐츠까지 생성하고 변화시키고 있다. 특히 하이퍼텍스트는 그간 근대의 산물로 굳건하게 자리를 지켜 온 서사구조, 소설에까지 영향을 미치며 전통적 스토리텔링의 변화를 요구하고 있다.

(2) 하이퍼텍스트의 속성

우리가 사용하고 있는 웹은 모두 하이퍼텍스트 형식의 문서로 되어 있다. 웹에서 어떤 정보를 찾고자 하는 아이콘에 마우스를 대고 한 번 누르면 원하는 지식을 얻을 수 있는 하이퍼텍스트는 매우 쉽고 편리한 것이다. 내가 원하는 정보를 손쉽게 찾을 수 있다는 것은 하이퍼텍스트의 가장 큰 장점이자 특징이다.

하이퍼텍스트를 상용화하기 위한 노력은 오랜 세월동안 지속적으로 이루어졌다. 1945년 바네바 부시는 〈As We May Think〉란 글에서 메멕스^{memex}, **기억확장기** 시스템을 제안하고 하이퍼링크 개념을 처음으로 공식화시켰다. 마이크로 필름을 이용한 메멕스 기계는 필름을 투사한 뒤에 화면에 보이는 특정 낱말을 가리킬 경우 그 낱말과 관련된 내용의 다른 마이크로 필름으로 빠르게 회전해 해당 화면을 투사하는 형태다. 실제로 메멕스 기계는 제작되지 않았지만 하이퍼링크의 개념을 제시한 점에서 그 의의가 있다.[20]

그 후 1965년 디어도어 넬슨은 이러한 개념을 정리해 '하이퍼텍스트'라는 이름을 사용하여 발표한다. 넬슨에 의하면 하이퍼텍스트는 연속적으로 적어야 하는 인쇄물과는 달리 좀 더 유연한 비선형 방식을 취하며, 비연속적 쓰기와 사용자가 선택한 것을 대화식 화면으로 읽을 수 있는 방식을 따른다고 한다. 이는 현재 우리가 사용하고 있는 하이퍼텍스트의 개념과 일치하는 것이다. 넬슨은 다음과 같이 말하고 있다.

> 하이퍼텍스트라는 용어를 통해 나는 비연속적인 글쓰기, 즉 곳곳에서 갈라지며 독자들에게 선택을 허용하고 쌍방향적인 스크린 상에서 가장 잘 읽히는 텍스트를 의미한다. 일반 대중들이 인식하고 있듯이 이것은 독자들에게 상이한 경로들을 제공하는 연결부들에 의해 연결된 일련의 텍스트 덩어리들이다.[21]

이렇게 만들어진 하이퍼텍스트는 1987년 매킨토시에서 만든 '하이퍼카드'라는 프로그램을 통해 일반인에게 널리 보급되었다. 하이퍼카드는 마우스로 아이콘을 클릭할 경우 다른 그림이나 소리 등으로 연결되는 것으로, 지금의 하이퍼링크와 같은 것이었다. 특히 하이퍼카드는 텍스트끼리만 연결되는 것이 아니라 다른 매체와 연결되는 하이퍼미디어의 속성도 가지고 있었다. 이런 과정을 통해 개발된 하이퍼텍스트는 백과사전 CD, 교육용 CD 등을 통해 널리 사용되기 시작했고, 모든 인터넷 문서는 기본적으로 하이퍼텍스트 언어 HTML^{HyperText} ^{Markup Language}로 작성되고 있다.

하이퍼텍스트의 보급으로 정보습득의 과정은 변화를 겪었다. 백과사전 CD롬이 그 대표적인 예로, 설명을 보다가 그 안에 등장한 다른 낱말을 클릭하면 해당 낱말에 대한 설명문으로 바뀐다. 즉, 문서와 문서 사이를 이동하면서 읽기 시작하는 것이다. 예전의 정보습득의 과정이 큰 단위에서 작은 단위로 세분화하여 순차적으로 찾는 것이었다면, 이제는 정보 간의 즉각적인 이동이 가능해진 것이다.

하이퍼텍스트는 기존의 텍스트가 처음과 끝을 구분 짓고 연속적으로, 논리적으로 읽기를 강요하는 방식을 전환하려 한다. 하이퍼텍스트의 경우 시작은 사용자가 읽기 시작하는 지점이고, 끝은 사용자가 읽기를 마치는 지점에 불과하다. 사용자는 하이퍼텍스트의 다양한 경

표 2.1 하이퍼텍스트와 기존 텍스트의 구분

하이퍼텍스트	기존의 텍스트
• 멀티미디어 기술 사용 • 비종결적인 구성 • 비선형적인 글쓰기 • 비순차적 읽기 • 상호작용성	• 인쇄술 사용 • 종결적인 구성 • 선형적인 글쓰기 • 순차적 읽기 • 일방성

로를 따라가며 텍스트를 삭제하거나 첨가할 수 있다. 즉 하이퍼텍스트는 완성, 결말 등의 기존 텍스트의 개념을 거부한다.

(3) 탈근대로서의 하이퍼텍스트성

앞서 살펴본 하이퍼텍스트가 지닌 성격은 탈근대를 규정하는 속성과 유사하다. 특히 하이퍼텍스트의 비종결성과 비선형성은 근대성의 원리에 대한 포스트모던적 비판의 산물로 이해할 수도 있다.[22) 이미 문학에서는 근대가 지향하고 있는 이분법적 사상, 규율과 통일성, 일관성, 위계질서에 대한 권위 등에 대해 도전하고 그것을 거부하려는 움직임이 일고 있었다. 디지털 미디어, 전자 기술의 발전과 확산이 이루어지기 전부터 문학 안에서는 근대성에 대한 비판이 이루어지고 있었던 것이다. 특히 인쇄술이 종용하는 선형적 글쓰기, 순차적 읽기의 방식에 대한 도전은 보르헤스나 마리오 바르가스 요사 등의 작품에서도 손쉽게 찾아볼 수 있다. 일례로 보르헤스의 작품에는 많은 주석이 달려 있고, 이러한 주석은 그가 텍스트를 통해 능동적인 읽기를 행하는 독자를 만들고자 하는 기능을 하는 것이다.

학술논문은 순차적 읽기에 대해 정면으로 도전하는 대표적인 텍스트이다. 논문의 주 텍스트와 주석을 번갈아 읽으며, 수시로 주 텍스트에서 벗어남으로써 기초적인 비선형적 읽기의 방법을 택하고 있는 것이다. 이러한 읽기의 방식은 다연속적인 독서 텍스트로서의 하이퍼텍스트 개념을 구체화하는 것이다.[23)

이러한 비선형적 텍스트의 개념을 토대로 들뢰즈와 가타리는 『천개의 고원』[24)을 하나의 인쇄물로 된 전형적인 하이퍼텍스트로 제시한다. 그들은 이 책을 독자들이 결정한 다양한 순서로 읽으라고 말한다. 즉 이 책은 독자들이 마음 내키는 대로 다소 무질서하게 읽을 수 있는 것이다. 그러나 독자들은 무질서 속에서도 이 담론들을 가상적인 연결망으로 묶으면서 읽어야 한다. 들뢰즈와 가타리는 '리좀^{rhizome}'이나 '고원'이란 용어를 사용하는데, 이 용어의 사용은 거대하게 네트워크화된 하이퍼텍스트 속에서 단어들, 구절들, 하위망들이 스스로 구성하는 방식과 거의 일치한다. 그들은 뇌처럼 미세하게 갈라진 틈들을 가로질러 교통하는 고원들로 구성된 책 속에서 어느 고원에서 시작하던지 간에 읽을 수 있으며 또 다른 고원으로 연결될 수 있다고 한다. 그들이 말하는 '고원'이란 리좀을 형성하거나 확장시키는 방식으로 다른 수많은 다양성에 연결된 것을 지칭하는 것이고, '리좀'이란 수목 구조가 아닌 네트워크와 같은 구조를 지닌 감자, 딸기 식물의 구조에서 그 개념을 끌어왔다. 다시 말해 리좀은 뿌리줄기식물을 가리키는 용어로 사방으로 펼쳐지면서 중심이 없는 뿌리를 말한다. 리좀에 대비되는 것은 중간의 굵은 본 뿌리를 중심으로 바깥으로 퍼져나가는 것으로, 우리가 보통 뿌리^{root}라고 부르는 것이다.

들뢰즈와 가타리는 위계적 사고나 계보적 질서는 우리의 자유롭고 개방적인 사고를 오히려 제한하기 때문에 다양한 방면으로 사고의 폭을 확장할 수 있는 리좀을 택한다. 다시 말해 무중심적이고 비위계적이고 의미를 부여하지 않는 체계의 개념을 새롭게 규정하는 것이다. 이들의 이러한 개념은 하이퍼텍스트가 지니고 있는 비선형성의 이상성을 구현한다고 볼 수 있다.

좀 더 확장하여 생각해 본다면, 들뢰즈와 가타리가 추구하는 공간은 점이나 선으로 영역이 표시되는 곳이 아니라 리좀과 같은 개념에 의해 만들어지는 공간이다. 기존의 세계가 각각의 신분과 위치가 지정되는 객관화된 점의 세계로 '줄 그어진 공간'이라면, 들뢰즈와 가타리가 꿈꾸는 공간은 어떤 것의 순간적인 위치가 점해지고 곧 사라져 버리는 '매끄러운 공간'이라고 볼 수 있다. 전자의 공간은 이미 있는 것을 위한 공간이고, 후자의 것은 아직 오지 않을 것을 위한 공간이 된다.[25]

하이퍼텍스트의 공간도 이와 유사하다. 하이퍼텍스트의 모든 단위들은 하나의 지정된 사실이 아니라 다중으로 얽혀 있는 선 위에 놓여 있다. 지배적인 사실 하나가 나머지 하위 사실들의 존재를 무시하고 은폐하는 것이 아니라 모든 사실들이 평준화되고 동일한 가치를 가지게 되는 것, 어떤 것도 다른 어떤 것보다 더 우선적이거나 중요하거나 중심적이지 않은 것을 말한다.

웹을 '정보의 바다'라고 말하는 것은 들뢰즈와 가타리가 '매끄러운 공간'이라고 말하는 것과 동일하다. 웹 상에서 비선형적으로 얽혀 있는 정보들은 늘 새롭게 읽힌다. 어떤 정보도 다른 것보다 우위를 점하지 않으며, 수많은 정보가 읽혔어도 또다시 새롭게 읽히기를 기다리는 그 자체가 흔적이 남지 않는 바다와 같은 것이다.

(4) 하이퍼텍스트 글쓰기의 실패?

원고지와 펜으로 일관해 오던 문학의 표현 수단이 모니터와 키보드로 전환된 지는 꽤 오래 전의 일이다. 그런데 이러한 매체의 변화가 단순히 글쓰기의 편리함 만을 가져온 것은 아니다. 네트워크의 급속한 발전으로 '상호작용성interactive'은 디지털 시대의 키워드가 되었고, 이것은 문학에도 변화의 바람을 불어 넣었다. 그 결과 '하이퍼텍스트 문학'이나 '사이버 문학', '인터넷 문학' 등의 새로운 용어 등장으로 문학에도 디지털기술의 변화가 불어온 것이다.

그런데 오늘날 이러한 용어는 명확한 구분이 이루어지지 않은 채 서로 혼용되어 사용되고 있다. 특히 하이퍼텍스트 문학의 경우, 문학 작품의 창작이 잘 이루어지지 않다 보니, 사이버 문학이나, 인터넷 문학을 통해 하이퍼텍스트 문학에 대해 논의하기도 하고, 하이퍼텍스트성을 지닌 SF 소설이나 팩션 등을 통해 거론하기도 한다. 사이버 문학이나 인터넷 문학이 깊은 감수성으로 삶을 투영하지 못하고 문학성을 획득하지 못한 채 부유하다 보니, 하이퍼텍스트 문학에 대한 비평역시 이루어지기도 전에 이들과 동류의 문학으로 취급되어 버리기도한다.

하이퍼텍스트 문학은 사이버 문학이나 인터넷 문학과는 성격이 다르다. 사이버 문학과 인터넷 문학이 컴퓨터를 사용하여 글을 쓰고 게시하여 독자들에게 읽히도록 하는 단계에 머물러 있다면, 하이퍼텍스트 문학은 하이퍼텍스트의 기능과 성격을 문학과 접목시켜 새로운 글쓰기 패러다임을 창조해 내는 새로운 방식이라는 점에서 변별된다.

우리나라에서 창작된 하이퍼텍스트 문학은 문화관광부의 정책에 의해 시행된 것에서부터 출발한다. 2000년 문화관광부에서 주관하여 김수영의 〈풀〉을 화두로 삼아 하이퍼텍스트 시를 시도한 것이 『언어의 새벽 : 하이퍼텍스트와 문학』이다. 현재는 이 작품의 사이트 http://eos.mat.go.kr가 삭제되어 이 글을 볼 수 없지만, 남아 있는 문서를 토대로 생성된 과정을 살펴보면 다음과 같다.26) 이 시는 "풀이 눕는다"의 시구로 시작한다. 이를 시작으로 46명의 시인과 작가, 일반인이 각각 시구를 작성해 해당 사이트에 남겨 놓으면, 그 다음에 123명의 사람들이 앞의 시구를 바탕으로 작성한다. 이때 5~400자 분량으로 시구를 작성하며 저속한 표현은 쓸 수 없었다고 한다. 이렇게 작성된 시는 독자들이 읽을 때에도 선택에 의해 이루어진다. "풀이 눕는다" 이후에 마음에 드는 시구를 클릭하고, 그 다음 단계에서 마음에 드는 시구를 다시 선택하는 것이다.

이 시는 하이퍼텍스트 시를 시험적으로 시도하고 있다. 한 명에 의해 창작되지 않고 적층적 성격을 띠고 있으며, 독자는 여러 갈래의 길을 통해 자신이 시를 읽을 수 있는 선택이 주어진다. 그러나 이 시는 하이퍼텍스트의 기본적인 속성인 상호작용성과 다성성에 치우쳐 하이퍼텍스트 문학의 리좀적 성격을 드러내지 못한 채 단계적 구조를 가지고 있어 실험적인 시도에 그치고 말았다.

국내에서 처음 선보인 하이퍼텍스트 소설인 《디지털 구보 2001》도 현재는 사이트가 삭제되어 볼 수가 없다. 이 소설이 어떤 구성 원리로 하이퍼텍스트의 특징들을 보여 주고 있는지 파악할 수 없지만, 다만 우리나라 최초로 시도된 하이퍼텍스트 소설이라는 점에서 의의가 있다. 이처럼 우리나라에서 하이퍼텍스트 문학에 대한 시도는 몇 번 있었으나 아직 활성화되어 있지 않은 상태이다. 이에 비해 국외에서는 하이퍼텍스트 문학이 비교적 활발하게 창작되고 있다.

하이퍼텍스트 문학의 고전으로 알려진 마이클 조이스의 《오후, 이야기》는 1982년부터 구상을 시작하여 1987년에 완성된 최초의 상업용 하이퍼텍스트 문학이다. 현재도 판매가 되고 있는 이 작품은 539개의 텍스트가 951개의 링크로 구성되어 네트워크상에서 독자의 선택에 따라 이야기의 전개가 달라진다. 인터넷이 대중적으로 보급되기 이전에 하이퍼링크에 의해 텍스트를 읽는 행위는 매우 낯선 경험이었다. 이 이야기는 한 소프트웨어 회사에서 전문 작가로 일하는 시인 피터와 그의 사장 워트, 워트의 아내 놀리 등 인물들의 이야기가 다성적으로 전개되면서 수백 개의 링크 속에서 자유롭게 읽히는 특성을 가진다. 이 작품은 그간 시간의 흐름에 따라 순차적으로 책을 읽어가던 수동적인 입장의 독자를 제한적이긴 하지만 다양한 경로의 읽기를 선택할 수 있는 능동적인 입장의 독자로 만들어 준다. 또한 하나의 플롯을 중심으로 여러 개의 보조 플롯이 서술되는 종래의 서술방식과는 달리 다중의 플롯이 동시에 진행된다는 점에서 하이퍼텍스트의 속성을 살렸다고 볼 수 있다.

하이퍼텍스트 문학은 책이 가지고 있던 근대적 속성과는 배치되는 탈근대적 성격을 띠며 형성되고 있다. 전자적 글쓰기와 하이퍼텍스트의 탈근대적 속성은 그동안 책이 견고하게 지켜왔던 구조와 형식에도 일대 변화를 주고 있다. 원고지와 펜에서 모니터와 컴퓨터 자판으로의 변화는 쪽page의 구분을 없앴고, 목차에 의해 읽혀지던 시간의 흐름은 네트워크에 의해 뻗어나가는 공간의 흐름으로 변화되고 있다. 지금까지 하이퍼텍스트 문학이 하드웨어적인 변화에 중심을 두고 있었다면, 앞으로의 하이퍼텍스트 문학은 소프트웨어적인 내용의 변화를 추구할 것으로 생각된다. 그러나 이러한 변화에 의한 새로운 글쓰기는 지금 시작되고 있는 출발점에 불과하며 이것이 정립되는 데에는 긴 시간이 필요할 것이다.

(5) 별이 빛나는 창공에서의 길 찾기

하이퍼텍스트는 본래 컴퓨터로 읽는 텍스트를 지칭하기 때문에 문서들이 서로서로 링크되어 있다. 다시 말해 인간이 생각하는 연상 작용의 흐름에 따라 수많은 가지로 뻗어나갈 수 있는 출구를 마련해 놓은 것이다. 갈라지고 선택되어 결정되는 경로를 통해 목적지에 도달할 수 있는 하이퍼텍스트는 비선형적인 네트워크 구조를 가지고 있다는 것을 의미한다. 텍스트가 링크를 통해 자유롭게 단어와 단어를 연결하고, 그로 인해 새로운 구문이 생겨난다는 것은 그만큼 네트워크적인 구성을 띠고 있음을 의미한다.

사실 하이퍼텍스트라는 새로운 글쓰기 방법이 본격적으로 사용되기 이전에 종래의 글쓰기 방법 속에서도 하이퍼텍스트의 속성이 내재되어 있음을 발견할 수 있다. 종결성, 선형성과 같은 전형적인 서술 방식을 비판하고 새로운 패러다임을 모색한 철학 사상의 토대 위에서 하이퍼텍스트는 기술적인 측면에서뿐만 아니라 사상적인 측면에서도 변화시킬 수 있는 새로운 힘을 가진 것이다.

앞으로 하이퍼텍스트가 나아가야 할 방향에 대해 다음과 같이 생각해 볼 수 있다. 첫째, 하이퍼텍스트는 하이퍼링크의 위력에서 벗어나 네트워크적 속성을 강화해야 한다. 하이퍼링크되어 공간의 흐름을 따르는 하이퍼텍스트는 시간의 흐름에 따른 전통적 스토리텔링에 대한 획기적인 도전이고 변화임은 분명하다. 그러나 이제는 하이퍼링크의 위력에서 벗어나 하이퍼텍스트가 가지고 있는 적층성과 네트워크성을 하이퍼텍스트 글쓰기로 구현할 때가 되었다. 하이퍼텍스트는 웹상에서 사용자들의 덧붙이기와 삭제가 유연하며 자유롭게 소통될 수 있다는 점에서 구비문학과 유사하다. 구비문학은 적층성과 유연함을 가지고 상황에 적합하게 이야기의 흐름을 즉흥적으로 이끌어 나간다. 하이퍼텍스트는 인쇄물과 달리 출판 후에 변화와 짜깁기가 용이하고 그에 따라 구비문학처럼 적층이 아주 쉽게 이루어질 수 있다. 현재 창작되고 있는 하이퍼텍스트 글쓰기에는 이러한 적층성과 유연함, 웹 상의 독자들과의 소통이 이루어지지 않거나 매우 제한적으로 이루어지고 있다. 촘촘한 그물망처럼 짜인 네트워크의 구조 안에서 하이퍼텍스트 글쓰기가 좀 더 유기적으로 재창조될 수 있도록 해야 한다.

둘째, 하이퍼텍스트는 텍스트로 표현하는 단계를 넘어서서 적극적인 융합의 단계로 들어서야 한다. 하이퍼텍스트는 텍스트를 넘어서서 소리, 그림, 동영상 등의 융합과 표현을 가능하게 하는 기능도 가지고 있다. 문학이 문자로 표현되던 것에서 이제는 그림, 음악, 동영상, 아바타 등의 다양한 표현 방식을 하이퍼텍스트 안에서 구현해낼 수 있어야 한다. 조금씩 그림이나 음악이 하이퍼텍스트 글쓰기에 접목되고 있지만, 좀 더 적극적으로 표현의 매체를 확장해야 한다.

셋째, 하이퍼텍스트는 탈근대성의 흐름을 담지해 내는 시대적·사회적 가치를 담아내야 한다. 하이퍼텍스트라는 새로운 글쓰기 방법에 어울리는 시대와 문화, 가치, 사상을 담아내야 한다는 것이다. 지금까지 하이퍼텍스트가 형식의 변화에 치중해 왔다면, 앞으로는 하이퍼텍스트로서 가치를 가질 수 있는 내용의 변화에도 관심을 기울일 필요가 있다.

하이퍼텍스트는 하이퍼텍스트 매체의 특성인 유연성과 네트워크성, 적층성을 통해 하이퍼텍스트를 웹 상에서 서로 소통하고 교류하며 적층이 이루어질 수 있는 글쓰기로 발전되어야 한다. 다시 말해 새로운 시대정신을 담아 내는 글쓰기로 진화해야 한다. 그렇게 된다면 하이퍼텍스트는 지금까지 별빛을 잃은 근대의 자아에게 길을 밝혀 주는 창공의 별이 될 것이다.

3. 디지털 스토리텔링의 도전

디지털 스토리텔링은 디지털 미디어로 표현하고 전달하는 스토리텔링을 말한다. 문자가 처음 생겼을 때를 생각해 보면, 문자는 공간 속을 떠돌아다니던 말을 종이 위에 고정시켜 버리는 놀랍고도 획기적인 기술이었다. 오랜 시간 문자와 함께한 우리는 그것에 너무 익숙해져 버려 때때로 우리 앞에 새롭게 놓인 디지털 미디어 기술을 받아들이기 버거울 때도 있다. 그러나 디지털 스토리텔링은 우리에게 익숙한 세계에서 벗어나 새롭고 낯설지만 재미와 흥미가 가득 찬 모험의 세계로 인도할 것이다.

앞서 설명한 바와 같이 전통적 스토리텔링을 이끌어 온 문화콘텐츠는 소설이었다. 소설은 문자와 인쇄술을 기반으로 한 서사를 통해, 시간의 선형적 흐름을 좇아 일련의 사건을 서술하는 스토리텔링만을 구가해 왔다. 그렇다보니 전통적 스토리텔링은 '창작자 → 작품 → 독자'의 단성적인 창작과 수용 과정을 갖게 되었고, 독자는 이야기를 경험하는 데 있어 '읽기'의 수동적인 행위만 할 수밖에 없었다.

그런데 디지털 미디어는 창작자와 향유자의 영역을 모호하게 만들고 있고, 창작과 향유의 경계도 무너뜨리고 있다. 이를 기반으로 한 디지털 스토리텔링은 공간의 다층적 구조를 좇아 이야기를 창작해 내는 스토리텔링을 구가하고 있다. 특히 디지털 스토리텔링은 '창작자 ↔ 작품 ↔ 독자'의 상호작용적인 창작과 수용 과정을 거쳐, 독자가 이야기를 경험하는 데 있어 '하기'의 능동적인 행위를 요구하고 있다. 여기에서 디지털 미디어를 통해 구현한 스토리텔링의 가장 큰 특징인 상호작용성interactivity이 생성된다. 디지털 스토리텔링은 이야기를 향유하는 사람들에게 직접 몸으로 체험하게 만드는 낯설지만 흥미로운 세계를 펼쳐 놓는 것이다.

자넷 머레이는 컴퓨터를 멀티미디어 통신 수단으로만 볼 것이 아니라 이야기를 만들어 내는 재현의 수단으로 보면 많은 일이 가능할 것이라고 진단한다. 그는 디지털 환경의 특징으로 네 가지 요소를 추출해 냈는데, 그것은 과정추론적procedural, 참여적participatory, 공간적spatial, 백과사전적encyclopedic이라는 것이다.[27] 컴퓨터는 본질적으로 어떤 규칙으로부터 산출된 행동을 제시하는 능력을 가지고 명령 체계를 수행하는 매체라는 점에서 과정추론적이다. 컴퓨터를 대할 때면 우리는 보편적인 규칙을 따라가도록 규정되어 있는 하나의 장치라는 것을 종종 망각한다. 머레이는 우리가 글쓰기의 규칙을 확립할 수 있다면, 컴퓨터는 이야기 서술의 강력하고도 매력적인 매체가 될 수 있을 것이라고 말한다.[28] 컴퓨터가 참여적이라는 특징은 컴퓨터가 우리와 상호작용interactive하고 있다는 의미를 표현하는 것이다. 컴퓨터의 과정추론적인 특징도 우리가 입력하는 내용에 따라 산출된 행동을 한다는 점에서 보면, 컴퓨터의 참여적 특징은 가장 핵심적인 내용이 된다. 새로운 디지털 환경은 항해 가능한 공간을 재현하는 자체의 힘에 의해 그 특성이 규정된다. 책이나 필름 같은 일차원적인 매체도 어구 서술이나 시각적 이미지로 공간을 묘사할 수는 있지만, 참여자가 그 내부를 직접 헤쳐 나아갈 수 있는 공간은 오직 디지털 환경만이 제시할 수 있다.29) 물론 이러한 공간적 특징도 과정추론적 특징처럼 상호작용적인 행위에 의해서 만들어지는 것이다. 이는 앞에서 살펴본 가상계의 출현과 같은 공간 창조이다. 디지털 환경의 공간적 특징은 이야기의 흐름이 시간보다 공간이 선행된다는 것을 의미한다. 지금까지의 전통적 스토리텔링에서는 시간의 축을 통해 사건이 전개되었다면, 디지털 스토리텔링에서는 공간의 축을 통해 사건이 진행되는 것이다. 또한 참여자가 자신이 가고 싶은 곳으로 여러 공간을 부유하다보면 전통적 스토리텔링에서 선형적이었던 이야기 구성은 디지털 스토리텔링에서 비선형적인 이야기 구성으로 나타난다. 백과사전적 특징은 컴퓨터가 지금까지 발명된 매체 중 정보를 담아낼 수 있는 양이 가장 크다는 점에서 발견된다. 어마어마한 양의 정보를 0과 1의 숫자로 표시하여 저장할 수 있는 컴퓨터는 창작자들에게 세계의 총체성을 담아낼 수 있는 표현도구가 될 수 있다는 기대감을 갖게 한다.

디지털 스토리텔링의 총체성 구현은 게임에 의해서, 그 중에서도 온라인 롤 플레잉 게임MMORPG에 의해 이루어진다. 컴퓨터의 공간적이고 참여적이며 과정추론적인 요소들에 다시 백과사전적인 기능을 결합한 문화콘텐츠로서는 단연 게임이 독보적이다. 그런데 게임에서 스토리가 창작될 수 있는지, 게임에 의존하지 않는 인터랙티브 스토리를 창조하는 것이 가능한지에 대해서 많은 의견이 분분하다.

그렉 로치는 스토리와 게임을 인간이 창조할 수 있는 매우 다른 형태의 대상으로 본다. 그는 "스토리는 소비하는 가공물이고, 게임은 그 속으로 들어가 가공물을 창조하는 과정"30)이라고 말한다. 그러나 그는 스토리와 게임이 차이점을 가지고 있지만, 상호작용적인 환경에서 스토리와 캐릭터 개발을 촉진할 수 있으며, 게임 모델에 기반하지 않은 인터랙티브 스토리의 창작이 가능하다고 말했다. 이에 한 걸음 더 나아간 머레이는 게임과 드라마는 실제로 매우 가깝게 묶여 있고, 게임은 실제로 '추상적 스토리텔링'[31]이라고 말하고 있다.

디지털 스토리텔링은 우리가 문화콘텐츠를 향유하는 방법을 완전히 변화시키고 있다. 우리는 이제 수동적인 관망자가 아닌 능동적인 참여자로 활동한다. 디지털 스토리텔링은 전통적 스토리텔링에서 오랜 시간 연마된 다양한 이야기 기술―스토리 구성, 캐릭터 디자인, 극적 긴장 등―을 차용해 오면서 발전을 꾀하고 있다. 동시에 디지털 스토리텔링은 디지털 미디어 기술을 통해 전통적 스토리텔링을 뛰어넘어 새로운 공간 안에 새로운 문화콘텐츠를 창출해 내기 위한 끊임없는 도전을 하고 있다.

제3장
스토리텔링, 변화를 시도하다

1. 미디어 컨버전스의 시대

컨버전스는 1990년대 커뮤니케이션 산업 및 관련 기술이 변화하는 맥락에서 특별한 의미로 사용되기 시작했다. 컨버전스의 개념은 통신, IT와 인터넷, 미디어, 엔터테인먼트 산업에서 발전되었다. 그러나 20여 년이 지난 지금까지도 컨버전스의 힘과 성과에 대한 의견이 분분하다. 컨버전스가 디지털 미디어 시대의 해결책이라 믿었던 사람들은 느껴지지 않는 컨버전스의 힘에 이미 시대가 지난 진부한 단어라고 단정짓기도 한다. 또 어떤 이들은 컨버전스가 우리 생활 곳곳에서 진행되고 있지만, 우리는 그것을 인식하지 못할 뿐이라며 여전히 컨버전스의 위력을 기대하고 있다. 우선 컨버전스가 가지고 있는 개념에 대해 살펴보도록 한다.

첫째, 컨버전스를 디지털 미디어의 통합의 관점에서 보는 것이다. 이는 컨버전스를 개별 분산된 기술들 사이의 경계가 해체되는 것을 의미하는 개념으로 본다. 캐롤린 핸들러 밀러는 컨버전스 작업을 위해서는 의사소통 전달 시스템위성, 핸드폰, 전화, 케이블, 하드웨어TV 세트, 게임 콘솔, 무선기기, 컴퓨터, 디지털화된 콘텐츠텍스트, 오디오, 그래픽, 비디오, 애니메이션과 같은 자료, 컴퓨터화된 테크놀로지콘텐츠에 접속, 조작, 교류하기 위해서의 네 가지 요소들 혹은 성분의 혼합이 필요하다고 말했다.32) 이 때에는 컨버전스를 개별적으로 분산된 기술들 사이의 경계 해체를 의미하는 개념으로 사용한다.

둘째, 컨버전스를 테크놀로지와 엔터테인먼트가 결합하는 것처럼 커뮤니케이션 사업이 결합하여 재구조화를 일으키는 개념으로 본다. 저비용 고효율의 효과를 내기 위해 제작과 유통 차원의 다양한 요소들이 연계하는 것이다. 세계적인 다국적 기업들이 방송과 통신, 인터넷 테크놀로지와 엔터테인먼트 등의 컨버전스를 이루는 것을 일컫는다. 그러나 이러한 컨버전스는 때때로 참담한 결과를 가져오기도 한다. 2000년 아메리카 온라인 회사AOL : America Online, Inc.와 타임워너Time Warner가 합병하여 세계의 이목을 끌었지만, 결과적으로는 양쪽 회사 모두에게 엄청난 손실을 입힌 실패 사례가 되었다.

이러한 컨버전스에 대한 개념을 바탕으로 미디어 학자 헨리 젠킨스는 『컨버전스 컬처』33)에서 미디어 컨버전스에 대한 이야기를 한다. 최근에 나타난 서로 다른 미디어의 경계를 허무는 힘들은 뉴 미디어 기술들이 동일한 콘텐츠가 다양한 채널로 유통되고, 또 수용되는 시점에 다양한 형태를 가질 수 있도록 한다. 그는 지금 우리가 미디어 전환의 시기에 있다고 판단한다. 올드 미디어가 죽은 것이 아니라 없어진 것은 미디어 콘텐츠에 접근할 때 우리가 사용하는 도구들이며, 전달 기술들은 폐기되고 대체되는 반면 미디어는 진화한다는 것이다.

역사학자 리사 기텔만이 두 단계에 걸쳐 작용하는 미디어의 모델을 보면, 첫 번째 단계에서 미디어는 커뮤니케이션을 가능하게 하는 기술을 의미한다. 두 번째 단계에서 미디어는 기술을 둘러싸고 발달한 관련된 프로토콜이나 사회적이고 문화적인 활용의 집합을 의미한다. 전달 체계는 단순히, 그리고 오로지 기술만을 의미한다는 것이다. 반면 미디어는 문화적 체계라고 본다. 전달 기술들은 새로이 등장하고 사라지지만, 미디어는 정보와 엔터테인먼트의 복잡다단한 계층의 한 단계로서 계속해서 존재하고 있다는 것이다.

헨리 젠킨스는 미디어 컨버전스는 단순히 기술 변화만을 의미하는 것은 아니라고 말한다. 컨버전스는 단순히 상품이나 서비스가 잘 설계되고 예측가능한 경로를 통해 사용되는 것만을 의미하는 것도 아니라 말한다. 그는 컨버전스는 최종 지향점이 아니라 과정이라는 점을 강조한다.

컨버전스는 사람들이 미디어를 자신의 삶 속으로 받아들일 때 나타난다. 다양한 미디어 플랫폼에서 유통되는 것은 엔터테인먼트만이 아니라 우리의 삶, 관계, 기억, 환상, 욕망도 미디어 채널들을 건너다닌다. 컨버전스는 소비자로 하여금 새로운 정보를 찾아내고, 서로 흩어진 미디어 콘텐츠 간의 연결을 만들어 내도록 촉진하는 문화적 변화를 일컫는 것이다.

2. 트랜스미디어 스토리텔링

(1) 트랜스미디어 스토리텔링의 개념

트랜스미디어 스토리텔링^{transmedia storytelling}은 다양한 미디어 플랫폼에 기반한 다수의 콘텐츠가 하나의 세계를 구현하는 것을 말한다. 헨리 젠킨스는 트랜스미디어 스토리는 다양한 미디어 플랫폼을 통해 공개되며, 각각의 새로운 텍스트가 전체 스토리에 분명하고도 가치 있는 기여를 한다[34]고 말하고 있다. 하나의 스토리가 다양한 미디어 플랫폼을 통해 구현된다는 의미는 종종 원소스 멀티유즈^{OSMU : One Source Multi Use}의 개념과 혼동된다. OSMU는 문화콘텐츠의 산업적 측면에서 원작산업의 중요성을 부각시킨 개념이다. OSMU에서 중요한 것은 시장에서 성공한 원작 콘텐츠의 존재이다. 원작 콘텐츠를 기반으로 파생 콘텐츠가 제작되는 OSMU는 원작 콘텐츠의 스토리텔링이 그대로 유지되면서 미디어의 특성에 맞게 각색된다. 시장성을 인정받은 원작 콘텐츠는 높은 부가가치를 창출해 내는 OSMU로 이어지게 된다. OSMU는 다양한 미디어 플랫폼을 통해 수익을 발생시키는 고부가가치 통로이다. OSMU는 각색된 스토리텔링의 파생 콘텐츠가 원작 콘텐츠를 중심으로 퍼져나가게 된다.

하나의 스토리를 다양한 미디어 플랫폼을 통해 구현한다는 점에서 OSMU와 트랜스미디어 스토리텔링은 유사하다. 그러나 OSMU는 이미 존재하고 있는 콘텐츠에서, 이미 창작되어 있는 스토리에서 다양한 미디어로 옮겨 오는 것이고, 트랜스미디어 스토리텔링은 동시다발적으로 하나의 스토리에 대해 다양한 미디어 플랫폼을 통해 구현하는 것이다. 즉 트랜스미디어 스토리텔링은 각각의 콘텐츠가 독자적인 개별 세계를 구현하는 동시에 하나의 전체 세계를 창조하는 데 기여하는 것이다. 소비자들은 다양한 미디어 플랫폼에 기반한 다수의 콘텐츠를 접하면서 자신 만의 경험을 창출해 낸다. 또한 소비자들은 서로 정보를 나누고 의견을 교류하면서 자신이 접한 콘텐츠의 경험을 확장시키는 생산자의 입장을 갖기도 한다. 소비자는 개별 콘텐츠가 구현하는 어떤 세계에 진입하더라도 그 안의 스토리텔링을 이해하는 데는 별 무리가 없다. 그러나 소비자가 다양한 미디어 플랫폼의 콘텐츠를 접할수록 그가 체험하는 세계의 넓이와 깊이는 확장된다. 즉 트랜스미디어 스토리텔링은 소비자가 어떤 콘텐츠를 어떤 순서대로 접하더라도 서로 다른 내용의 독자적인 세계를 접할 수 있도록 하는 것이다.

헨리 젠킨스는 트랜스미디어 스토리텔링을 가장 잘 구현한 사례로 〈매트릭스〉를 든다. 그의 저서 『컨버전스 컬처』에 보면, 〈매트릭스 리로디드〉에 관한 내용이 나온다. 고속도로 추격전에서 난데없이 나이오비가 시간을 맞춰 나타나 모피어스와 트리니티를 구하지만, 게임에서는 나이오비를 접선 포인트로 보내는 것이 중요한 미션이 된다는 것이다. 또한 〈매트릭스 리로디드〉가 끝날 때 즈음이 되면, 나이오비 일행이 발전소를 파괴하기 위해 보내지는데, 작전의 상세한 내용은 영화에서는 보이지 않고, 게임을 통해 자세하게 나타난다는 것이다. 〈매트릭스〉를 영화로만 감상한 관객과 영화를 보고 게임을 하는 소비자와는 〈매트릭스〉에 대한 경험의 깊이가 다른 것이다. 영화를 보고 게임을 하는 소비자는 〈매트릭스〉의 세계를 이해하는 데 한층 더 가까이 다가갈 수 있는 것이다.

이처럼 〈매트릭스〉를 구현하는 스토리텔링 기법은 OSMU와는 확연하게 다른 기법이다. 콘텐츠의 기본 줄거리를 그대로 유지한 채 미디어에 따른 특성만 반영하는 OSMU와 달리 트랜스미디어 스토리텔링은 만화로 경험한 콘텐츠와 영화로 경험한 콘텐츠는 일정 부분 연결 고리가 있지만, 서로 다른 경험의 깊이를 창출해 내는 것이다. 높은 고부가가치를 만들어 내는 OSMU 이상으로 트랜스미디어 스토리텔링은 강력한 경제적 동기를 제공한다. 다양한 미디어가 다양한 스토리텔링을 만들어 내면서 동시에 이들이 유기적 연관 관계를 가지고 있다는 것은 소비자에게 무척이나 매혹적인 일이다. 소비자는 자신의 경험적 깊이를 확장시키기 위해 기꺼이 여러 미디어를 넘나들며 소비를 하게 되고, 그를 통해 소비자는 지적 호기심 충족과 퍼즐 맞추기 같은 희열을 체험할 수 있다. 미디어 컨버전스에 의해 등장한 새로운 스토리텔링인 트랜스미디어 스토리텔링은 각각의 미디어가 새로운 수준의 통찰과 경험을 제공해야만 의미가 있다. 그리고 그 각각의 미디어의 선택은 전적으로 소비자의 몫이다.

(2) 트랜스미디어 스토리텔링의 특성

트랜스미디어 스토리텔링은 제작과 소비에 있어 사람들의 참여 형태가 집단적으로 이루어진다. 다양한 미디어 플랫폼을 통한 창작 과정은 집단적이고, 소비 과정도 집단적이다. 각 미디어 전문가들의 협업을 통한 동반자적 입장에서 창작이 이루어진다. 각각의 미디어 특성에 맞춰 구현된 콘텐츠는 총체적 세계를 구현하기 위해 긴밀한 협의와 논의가 필요하다. 이러한 과정은 소비의 과정에서도 그대로 드러난다. 소비자들은 각 미디어 플랫폼에서 구현되는 스토리텔링의 조각을 맞추기 위해 온, 오프라인을 넘나들며 지식을 교환한다. 때로 소비자들은 오프라인에서 영화 속, 드라마 속 한 장면을 재연하기 위해 모이기도 한다. 그들은 자신의 몸을 통해 스토리텔링을 체험하는 새로운 경험을 하는 것이다.

트랜스미디어 스토리텔링은 개별 콘텐츠의 집합체이다. 그러나 동시에 개별 콘텐츠의 크로스오버 스토리텔링을 통해 콘텐츠의 교차가 일어난다. 크로스오버는 동일 계열의 콘텐츠에서 제각각 진행되는 스토리의 교차가 되기도 하고, 다중 계열의 콘텐츠에서 결합되기도 한다. 예를 들어 미국 드라마의 경우 동일 제목의 여러 버전이 매 시즌마다 진행되는데, 각 버전의 주인공들이 서로 만나기도 하고, 동일 사건을 바라보는 서로 다른 시각에 대한 이야기가 진행되기도 한다.

■ CASE STUDY 4.
〈CSI〉의 크로스오버 스토리텔링

미국의 인기 드라마 〈CSI〉^{Crime Scene Investigation} 시리즈는 라스베가스, 마이애미, 뉴욕을 무대로 세 편의 이야기가 진행되는 방식이다. 〈CSI 라스베이거스〉는 2000년부터 지금까지 시즌 9편이 방영되었고, 〈CSI 마이애미〉는 2002년을 시작으로 지금까지 시즌 7까지 방영되었다. 2004년에 처음 제작된 〈CSI 뉴욕〉은 지금까지 시즌 5까지 제작되었다. 〈CSI〉는 과학적 증거 분석을 통해 사건을 해결하는 과학수사대 이야기로, 각 시즌의 이야기가 연속적 스토리를 형성하기보다는 독립된 에피소드 형식으로 진행된다. 매회 에피소드 형식으로 진행되다 보니, 전편의 드라마에 대한 지식이 없더라도

그림 3.1 CSI 라스베이거스, 마이애미, 뉴욕의 반장(좌측부터)

이야기를 이해하는 데 별 무리가 없는 것이 특징이다.

라스베이거스, 마이애미, 뉴욕을 무대로 활동하는 CSI 시리즈에는 각각의 CSI 팀과 반장이 구성되어 있다. 〈CSI 라스베이거스〉에서는 길 그리섬 반장이, 〈CSI 마이애미〉에서는 호라시오 케인 반장이, 〈CSI 뉴욕〉에서는 맥 테일러 반장이 활동한다. 이들의 수사 활동은 각 지역을 기반으로 벌어지기 때문에 서로 긴밀한 관계를 취하지는 않는다.

그런데 〈CSI〉가 진행되면서 중간중간 라스베이거스, 마이애미, 뉴욕의 반장과 팀원들이 서로 수사를 위해 협조하는 장면이 등장한다. 일종의 교차crossover하는 지점이 생기면서 각각 독립적이던 〈CSI〉 시리즈 세 편이 연결 고리를 갖게 되는 것이다. 〈CSI 라스베이거스〉 시즌 2의 22편 〈공동 수사〉Cross Jurisdictions를 보면, 후에 방영되는 〈CSI 마이애미〉 팀의 팀원들이 미리 〈CSI 라스베이거스〉에 등장해서 공동 수사를 벌이는 모습이 나온다. 〈CSI 마이애미〉 시즌 2의 23편에서는 마이애미의 반장 호라시오가 수사의 단서를 찾기 위해 뉴욕으로 가게 되고, 뉴욕에서 뉴욕의 반장 맥과 만나 공동 수사를 벌이는 모습이 나온다.

〈CSI 마이애미〉 시즌 4의 7편과 〈CSI 뉴욕〉 시즌 2의 7편에서는 추락한 비행기와 도망간 연쇄살인범을 둘러싼 마이애미와 뉴욕의 CSI가 함께

그림 3.2 〈CSI 마이애미〉 시즌 4의 7편(좌)과 〈CSI 뉴욕〉 시즌 2의 7편(우)

수사를 진행하는 것으로 〈CSI〉 시리즈의 크로스오버는 점점 더 확장되고 정교해져 간다. 크로스오버는 드라마에 등장하는 캐릭터나 사건이 다른 드라마에 등장하면서 드라마 사이에 교차 지점이 발생하는 현상을 말한다.

〈CSI〉 시리즈의 크로스오버 현상은 〈CSI〉 시리즈물을 넘어 다른 드라마와도 공조한다. 〈CSI 라스베이거스〉와 〈FBI 실종수사대〉Without a Trace는 한 소년의 실종 사건이라는 동일한 사건을 각기 다른 관점에서 수사하는 스토리를 통해 색다른 흥미를 제공한다. 〈FBI 실종수사대〉는 뉴욕을 배경으로 FBI의 실종 수사에 대한 활약을 담아 내고 있는 시리즈물이다. 〈CSI 라스베이거스〉 시즌 8의 6편 〈누가 무엇을〉Who and What과 〈FBI 실종수사대〉 시즌 6의 6편 〈어디서 왜〉Where and Why가 크로스오버되어 사건 해결을 이끌어 나간다. 〈CSI〉는 범인이 누구이고, 무엇을 했는지에 초점을 두고 수사를 한다면, 〈FBI 실종수사대〉에서는 실종된 소년이 어디에 있는지, 왜 실종되었는지에 초점을 두고 수사를 한다. 이 두 시리즈의 교차 지점은 〈CSI 라스베이거스〉의 반장 길 그리썸이 〈FBI 실종수사대〉에 등장하고, 〈FBI 실종수사대〉의 반장 잭 말론이 〈CSI 라스베이거스〉에 나오면서 생긴다. 또한 두 시리즈물의 방영시간도 〈CSI〉 방영 이후 곧바로 〈FBI 실종수사대〉가 이어지면서 〈CSI〉에서 시작한 이야기가 〈FBI 실종수사대〉에서 끝나게 되는 것이다. 하나의 사건을 두 가지 관점에서 바라보는 동시에 두 형태의 드라마로 담아내는 새로운 형식의 실험이 성공적으로 이루어진 것이다.

이러한 크로스오버는 시청자들에게는 드라마가 짜임새 있게 전개된다는 느낌을 받게 하며, 정교한 시나리오의 매력에 빠지도록 만든다. 또한 〈CSI〉 시리즈물과 〈FBI 실종수사대〉 시리즈물을 모두 시청한 사람은 이렇게 크로스오버되는 드라마의 곳곳에서 자신이 알고 있는 캐릭터의 등장으로 스토리의 깊이를 더하게 되고 크로스오버의 묘미를 맛보게 된다. 물론 모든 시리즈물을 시청하지 못한 사람도 에피소드 형식의 진행을 통해 전체 스토리를 이해하는 데는 별 무리가 없다.

2009년 11월에 방영되는 〈CSI〉 시리즈물은 '라스베이거스' 시즌 10의 7편 〈From New York to Vegas〉, '마이애미' 시즌 8의 7편 〈Bone Voyage〉, '뉴욕' 시즌 6의 7편 〈Hammer Down〉을 통해 세 편의 드라마가 크로스오버되는 모습을 선사할 것이라고 한다. 하나의 〈CSI〉 세상을 만들기 위한 각각의 드라마가 서로 연계되면서 시너지 효과를 내는 스토리텔링을 시도하고 있는 것이다.

트랜스미디어 스토리텔링을 만들어 내는 창작자와 향유하는 소비자의 세계 구축은 서로 다른 양상을 보인다. 창작자는 여러 전문가가 모여 하나의 세계를 창조해 내기 위한 틀을 제작해 내는 데 집중하는 반면, 소비자는 창조된 하나의 세계를 다양하게 표현하고 확장하는 데 집중한다. 소비자가 만들어 내는 세계는 온라인/오프라인 커뮤니티와 집단 행위, 지식정보 교환 등을 통해 비선형적으로 발산되기 때문에 하이퍼텍스트성을 띠고 있다.

전통적 스토리텔링에서는 한 명의 창작자와 한 명의 비평가가 존재했다면, 트랜스미디어 스토리텔링에서는 복수의 창작자와 복수의

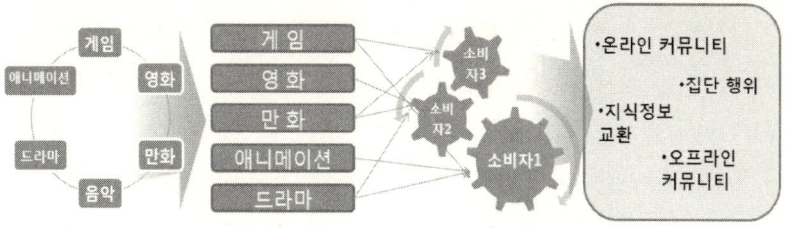

그림 3.3 **트랜스미디어 스토리텔링의 세계 구축 과정**

비평가가 존재한다. 또한 복수의 비평가는 소비자이며, 창작자로 존재하는 것이다. 창작의 세계는 미디어 간의 긴밀한 협업으로 향유의 세계에 강력한 지적 유희의 동기를 마련해 주고, 향유의 세계는 수많은 소비자의 참여로 창작의 세계에 강력한 경제적 동기를 마련해 준다. 여러 미디어 플랫폼을 넘나드는 트랜스미디어 스토리텔링은 지식 교환과 공감을 나누는 지적 유희 속으로 소비자들을 유도하는 문화적 변화를 가져 올 것으로 기대한다.

◼ CASE STUDY 5.
〈히어로즈〉의 트랜스미디어 스토리텔링

〈히어로즈〉Heroes는 미국 지상파 TV NBC에서 2006년 9월 첫선을 보였고, 2009년 9월에 시즌 4까지 방영되었다. 〈히어로즈〉는 인기 수사 드라마 〈크로싱 조단〉의 팀 크링이 총 책임 프로듀서를 맡았고, 한국계 작가 척 킴이 시즌 3에서 에피소드를 20개 이상 만들어 내며 수석 스토리 에디터로 활약한 드라마이기도 하다.

〈히어로즈〉는 다음과 같은 말로 시즌 1의 1편을 시작한다. "최근 들어 겉보기에는 공통점이 없어 보이는 여러 개개인들이 '특별'하다고 밖에는 설명이 불가능한 능력을 드러내고 있습니다. 비록 지금은 스스로 깨닫고 있지 못하지만, 그 개개인은 세상을 구할 뿐만 아니라 영원히 변화시킬 것입니다. 평범에서 비범으로의 변화는 하루아침에 이루어지지 않습니다. 모든 이야기에는 그 시작이 있기 마련입니다. 그들의 대서사시의 첫 장은 여기서 시작합니다."

〈히어로즈〉에는 다른 초능력자들의 능력을 흡수하는 능력을 가진 '피터'가 실질적인 주인공으로 등장한다. 타인을 이해하는 능력이 뛰어나고 쉽게 공감할 수 있는 마음을 가진 '피터'는 선함을 대표하는 캐릭터이다. 치유와 재생 능력을 가지고 있는 '클레어'는 자신의 능력을 믿지 않으며 어떻게든 평범하게 살아가고자 노력하는 캐릭터로, 시계 수리공의 아들로 특별한 재능이 있다고 생각했지만 그렇지 못하다는 것을 알게 된 '사일러'는 초능력을 얻기 위해 살인을 저지르는 악함을 대표하는 캐릭터로 등장한다. 시공간 이동 능력이 있는 '히로'와 사람의 마음을 읽을 수 있는 '맷' 등 다양한 초능력을 가진 인물들이 등장한다.

〈히어로즈〉의 초능력을 가진 캐릭터들의 호선은 시즌이 진행되면서 선함과 악함이 바뀌고, 초능력이 선천적인 능력이 아닌 특수한 유전자 주입을 통해 가능하다는 사실이 밝혀지면서 그동안 수퍼히어로물에 등장하던 전형적인 스토리라인이 전복된다.

〈히어로즈〉는 매 회 방영이 끝나고 나면 웹 사이트에 그래픽 노블graphic novel이 한 편씩 제공된다. 소설의 형식을 가지고 있지만 이미지가 중심 표현인 그래픽 노블은 〈히어로즈〉에서 미처 하지 못한 이야기들을 담아 내며 스토리를 더욱 풍성하게 만들어 주고 있다. '보는' 만화가 아닌 '읽을 수 있는' 만화를 담아 낸다는 그래픽 노블은 몇몇의 작가에 의해 매 회 에피소드

그림 3.4 드라마 〈Genesis〉에서 택시 운전수가 된 모힌더

가 탄생하였다. 드라마 〈Genesis〉에서는 부친의 죽음 이후 택시 운전수가
된 모힌더 박사의 장면이 나온다. 갑작스레 대학 교수에서 택시 운전수가
된 모힌더의 뒷이야기는 그래픽 노블에서 나온다. 유전학자였던 아버지가
초능력을 가진 첫 번째 사람 '사일러'를 만나러 뉴욕으로 간 것이었다. 그

그림 3.5 〈Genesis〉 시즌 1의 1편 그래픽 노블

곳에서 아버지는 3일 만에 택시 운전을 하다 죽은 것이었다. 아버지를 죽음으로 몰고 간 원인을 찾기 위해 모힌더는 택시 운전수가 된 것이다라는 이야기를 그래픽 노블을 통해 알 수 있다.

이 외에도 〈Road Kill〉에서 사일러가 어떤 식을 탈출했는지, 〈Stolen Time〉에서 제시카가 6개월 전에 어떻게 돈을 훔쳤는지 그래픽 노블을 통해 시청자는 알 수 있다.

이처럼 〈히어로즈〉의 스토리텔링은 드라마와 그래픽 노블에서 동시에 일어나고 있으며, 드라마에서 다루지 못한 이야기 부분이 그래픽 노블에서 중심 사건으로 진행되며 이야기의 깊이감을 더해 준다. 또한 그래픽 노블은 드라마 〈히어로즈〉의 이야기를 풍성하게 만들어 주는 역할을 하는 동시에 독자적인 콘텐츠로 훌륭하게 작용한다. 이는 여러 미디어를 통해 스토리를 생성해 내면서 전체 서사에 기여를 하는 트랜스미디어 스토리텔링의 모습을 보여 주고 있는 것이다.

---

3. 공간 스토리텔링

근대 사회의 공간은 생산과 기능이 중심이 되는 사회였다. 얼마나 많은 양의 곡식을 거두는지, 얼마나 기능이 훌륭한 제품이 생산되는지가 중요한 사회였다. 그런데 공간이 변하고 있다. 탈근대 사회의 공간은 소비와 감성이 중심이 되는 사회이다. 기능을 생산하는 공간에서 감성을 소비하는 공간으로의 변화가 일어나고 있는 것이다. 감성을 소비하는 공간은 놀이의 공간이기도 하다. 놀이는 소비자가 참여하여 만드는 이야기이다. 놀이의 공간 속에서 소비자들은 참여하고 이야기를 만드는 능동적 생산자로 변화한다. 다시 말해 감성을 소비하는 공간은 이야기를 만드는 능동적 소비자로 인해 다시 생산의 공간이 되는 것이다. 감성 소비와 이야기 생산이 동시에 일어나는 공간은 강력한 경제적 동기를 수반한다. 감성을 팔고 이야기를 만드는 공간은 또한 경제의 순환이 일어나는 공간인 것이다.

롤프 옌센은 『Dream Society』라는 책에서 사회가 정보사회에서 '꿈의 사회Dream Society'로 발전하고 있다고 전망하고 있다.[35] 이러한 꿈의 사회에서는 꿈과 감성을 파는 감성시장emotional market이 커지고, 감성과 상상력을 자극하는 이야기가 담긴 상품이 잘 팔린다.

감성을 소비하는 공간에는 스토리텔링이 들어 있어야 한다. 스토리텔링이 들어 있는 대표적 공간은 테마파크이다. 테마파크에는 일정한 스토리텔링이 들어 있다. 디즈니랜드는 소비자에게 현실 세계가 아닌 가상 세계, 즉 디즈니 세상을 보여 준다. 어려서 읽은 동화 속 세상, 보았던 애니메이션 속 세상이 눈앞에 펼쳐진 것이다. 디즈니랜

그림 3.6 디즈니랜드 전경

드에서 소비자는 만들어진 허상을 경험하며 기억을 회상한다. 개개인의 기억 위에 새롭게 보태진 경험은 또 다른 스토리텔링이 되어 개인의 기억으로 자리 잡게 된다. 이러한 순환 구조는 소비자가 다음에도 테마파크를 방문하게 만드는 동기로 작용하며, 같은 곳을 방문하지만 매번 다른 스토리텔링을 만들어 내도록 하는 요인이 된다.

(1) 딸기가 좋아

'딸기'는 (주)쌈지에서 만들어 내고 있는 캐릭터로, 패션잡화에서 시작하여 문구, 팬시 및 생활용품으로 상품화가 확대되고 있다. 딸기는 상품만을 위해 탄생한 캐릭터이다. 딸기는 애니메이션, 만화, 영화, 게임 등과 같은 콘텐츠를 통해 등장한 캐릭터가 아니다. 캐릭터 탄생 자체가 원소스인 딸기는 '딸기가 좋아'라는 테마파크를 통해 딸기의 정체성을 확립하고 사업 영역을 확대해 나가고 있다. 2008년 딸기는 키티, 곰돌이 푸, 뽀로로, 뿌까 등과 함께 브랜드 가치가 1,000억 원이 넘는 것으로 나타났다. '딸기가 좋아' 테마파크는 딸기라는 캐릭터를 이해하고 체험하고 공감하는 공간으로 구성되어 있으며, 아이들은 이곳에서 다양한 문화 체험을 하면서 딸기 캐릭터를 내재화시킨다.

  스토리를 내재한 캐릭터는 많은 복제를 거쳐도 아우라를 잃지 않는다. 또한 다양한 스토리를 지닌 캐릭터들이 조합되면서 사건이 발생하고 에피소드를 형성하면서 연속적 스토리를 획득하게 된다. 스토리는 캐릭터의 생명력을 지속시켜 주는 요소로 작용한다. 딸기의 경우에도 다섯 명의 친구들과의 관계를 통해 지속적인 스토리를 창출해 내고 있다.

그림 3.7 **딸기와 친구들**

'딸기'는 일반적으로 캐릭터가 제작 유통되는 과정을 따르면서, 한편으로 테마파크를 통해 딸기의 캐릭터를 이해하고 느낄 수 있는 공간을 제공함으로써 소비자에게 더 사랑받는 캐릭터가 될 수 있었다. 테마파크는 상상력과 창의력 중심의 스토리텔링을 통해 자신을 표현할 수 있다는 의미 전달로 소비자의 공감을 획득하는 데 성공했으며, 이야기를 통한 상품의 부가가치를 높였다.

(2) 함평 나비 축제

함평 나비 축제는 자연친화적이며 녹색 환경에 관심이 커지고 건강을 챙기는 웰빙에 대한 수요를 나비를 통해 문화 코드로 풀어낸 성공적 사례로 볼 수 있다. 함평의 지역적 특성은 전형적인 농업 지역으로, 산업화, 노령화, 시장 개방 등으로 경쟁력이 저하된 지역이었다. 산업 자원이나 관광자원도 별다른 것이 없었고, 지방에서 나오는 특산물도 부족한 상태여서 관광 자원 및 역사적 가치가 별로 없는 지역이었다.

함평은 지역의 홍보 수단으로 처음에는 유채꽃 축제를 기획하였었다. 그러다가 제주도에 비해 경쟁력 없는 유채꽃 대신 친환경 지역을 상징하는 나비 테마 축제로 변경하였다. 나비는 동서양을 막론하고 많은 상징성을 내포하고 있다. 살아 있는 환경에 대한 생태적 건강성과 아이들에게 미래의 이상향에 대한 욕망 등이 나비에 들어 있다. 우리나라에서는 〈청구영언〉 등에 등장하는 나비가 초월적 아름다움에 대한 동경의 상징으로 나타나기도 하고, 〈춘향전〉에서는 이몽룡이 부르는 〈사랑가〉에서 음과 양의 조화로운 세계를 형상화하기도 한다. 장자의 〈제물론〉에서는 이상적 상징을 드러내고, 서양에서도 나비의 변태하는 특성을 상징적으로 활용하여 부활의 의미를 담아 내고 있다.

나비를 주제로 한 함평 나비 축제는 매력 없는 농촌의 이미지를 현실의 삶을 극복하고 지향해야 할 가치 있는 공간으로 탈바꿈시켰다. 나비의 상징성을 상품 생산과 연결하여 지역 내 모든 농산물을 친환경 상품으로 개발하였고, '나비' 브랜드로 유통되는 함평쌀은 다른 쌀보다 높은 가격에 친환경이라는 브랜드 아이덴티티를 구축하여 인기리에 판매되고 있다. 이렇게 나비의 상징성이 함평의 지역성으로 전이되는 환유적 스토리텔링을 구현함으로써 스토리텔링은 마케팅의 영역에까지 영향을 끼치고 있다.

(3) 게게게노 키타로 마을

일본의 돗토리 현 사카이미나토 시는 1980년대 후반 이후 산업 쇠퇴와 인구 감소로 도시 전체가 불황에 빠지고 있었다. 지역 경제 활성화를 위한 아이디어를 모으던 중 한 공무원이 사카이미나토 시 출신의

그림 3.8 〈게게게노 키타로〉 만화(좌)와 영화(우)

만화가 미즈키 시게루의 〈게게게노 키타로〉라는 작품을 관광 상품으로 개발하자는 의견을 낸 것이 계기가 되었다.

　미즈키 시게루의 〈게게게노 키타로〉는 일본 전래 귀신들을 소재로 한 만화이다. 1960년대 이후 100편이 넘는 애니메이션, 극장용 애니메이션, 실사용 영화, 각종 캐릭터 상품으로 인기를 주도하며 지금도 일본을 대표하는 만화이다.

　〈게게게노 키타로〉의 거리 조성 프로젝트는 사카이미나토 시 도시 전체를 바꾸는 것이었다. 우선 〈게게게노 키타로〉에 등장하는 100여 개의 일본 전통 귀신들의 청동상을 제작하여 거리 곳곳에 세웠다. 거리의 가로등은 키타로의 아버지, 눈알 사나이 메다메오야지를 형상화했고, 파출소, 공공기관에서도 키타로의 이미지를 브랜드로 내세웠다. 〈게게게노 키타로〉 거리를 조성하는 데 마을 주민들도 적극적으로 참여했다. 상인들은 스스로 키타로와 관련된 기발한 아이디어 디자인을 내었고, 이제는 사카이미나토 시의 대표 음식이 된 키타로 라면도 나오게 되었다. 보다 완벽한 키타로 마을을 만들기 위해 철도회사와 협력하여 '게게게토 키타로 귀신열차'까지 운행하면서 사카이미나토 시 마을은 완벽하게 요괴 마을로 변신하였다.

한 만화 작가의 작품에서 출발한 요괴 마을 조성 프로젝트는 죽어가던 마을을 관광객으로 북적이게 만들었다. 관광객들은 저마다 다른 미디어를 통해 접한 〈게게게노 키타로〉에 대한 기억을 가지고 사카이미나토 시를 방문하여 또 다른 스토리텔링을 만들어 내는 것이다.

제4장

스토리텔링은 콘텐츠 산업이다

1. 웹 만화의 스토리텔링

만화가 문화콘텐츠 산업의 중심에서 새롭게 각광받고 있다. 대중에게 가장 다가서기 쉬운 콘텐츠이면서도 한갓 오락물로 외면당하기 일쑤였던 만화가 오늘날 차세대 산업으로 전 세계에서 주목하고 있는 문화 산업의 원작 산업으로 다시 한 번 주목받고 있는 것이다.

요즘 문화콘텐츠를 이야기하면서 '디지털'이란 단어를 빼놓고 이야기하기란 어렵다. 왜냐하면 디지털 미디어는 우리 생활 전반에 스며들었고, 디지털 미디어 기술은 문화콘텐츠의 변화를 이끌어 내고 있기 때문이다. 디지털 미디어 기술의 발전에 따라 인터랙티브 영화나 드라마, 스마트 토이 등의 새로운 콘텐츠가 생겨나기도 하고, 기존의 문화콘텐츠에 디지털 미디어 기술을 적용시켜 변화시키기도 한다. 특히 게임의 경우 최첨단 디지털 미디어 기술과 디지털 스토리텔링을 통해 문화콘텐츠 산업의 일등 공신이 되었고, 디지털 시대의 문화를 대표하는 콘텐츠로 자리매김하였다.

만화의 경우 만화와 디지털 미디어 기술의 만남은 일반인들에 의해 시작되었다. 1997년 권윤주의 『스노우 캣』처럼 자신의 블로그나 홈페이지에 만화 형식으로 올린 일상생활의 소소한 이야기나 일기가 누리꾼들에 의해 옮겨지면서 인기를 얻게 된 것이 웹 만화가 탄생할 수 있었던 계기가 되었다. 웹을 통해서 만화가가 아닌 비전문가들도 만화를 만들어낼 수 있었고 만화가가 될 수 있었기 때문에 웹은 일종의 등용문 역할도 하게 되었다. 자연스럽게 디지털 미디어 기술을 접한 만화는 강풀과 강도하에 이르러 본격적인 웹 만화로 변화하게 된다. 카툰의 형식으로 시작된 웹 만화는 이들 작가에 의해 서사 중심의 장편 웹 만화로 발전하게 된 것이다.

본래 만화는 글과 그림이 유기적으로 결합된 장르로, 독자들에게 상상력을 자극시키며 재미와 몰입을 제공한다. 또한 만화는 모든 독자층을 아우를 수 있는 대중문화적인 성격을 갖고 있고, 오락을 목적으로 삼기에 진입 장벽이 낮은 편이다. 그럼에도 불구하고 만화는 그동안 오프라인 시장의 침체와 유통망의 문제로 불황에 허덕이고 있었다. 그런데 잘 구축된 디지털 인프라는 만화를 웹 속으로 끌어들였고, 만화는 웹이라는 새로운 공간 안에서 웹 만화로 새롭게 태어나게 된 것이다. 또한 웹을 통해 작품성과 대중성을 인정받은 웹 만화는 영화, 연극, 뮤지컬 등 다양한 콘텐츠로 제작되어 원작 산업으로서 만화의 위상을 높이는 데 한몫을 하고 있다.

(1) 웹 만화의 개념[36)

우리는 종종 웹 만화와 디지털 만화, 인터넷 만화의 용어를 혼용하여 사용한다. 같은 만화에 대해서도 지칭하는 사람에 따라 디지털 만화, 인터넷 만화, 웹툰 등으로 달리 불리는 것이다. 웹 만화가 등장한 지 이제 10여 년이 다 되어가는 오늘날 이에 대한 용어 정리부터 이루어져야 할 것이다.

인터넷은 컴퓨터와 컴퓨터를 연결해 주는 네트워크로 물리적 통신망을 일컫는데, 인터넷 만화란 용어는 이러한 통신망, 즉 인터넷을 기반으로 네트워크적 속성을 가지게 된 측면에서 생겨났다. 반면 웹은 웹 브라우저를 이용하여 브라우징browsing : 이것저것 구경하다이 가능한 웹 페이지들을 물리적 통신망인 인터넷으로 연결된 것을 일컫는다. 즉 인터넷에 연결된 컴퓨터들을 통해 사람들이 정보를 공유할 수 있는 전 세계적인 정보 공간이 월드 와이드 웹world wide web인 것이다. 우리가 여기저기 홈페이지나 포털사이트, 블로그를 기웃거리며 만화를 보는 것은 전형적으로 웹페이지를 브라우징하는 행위인 것이다. 웹은 물리적 통신망인 인터넷으로 연결된 페이지들의 집합체를 지칭하는 것이다. 웹은 인터넷 상에서 문서나 그림 등을 쉽게 공유하기 위해 만들어진 프로그램이다. 만화가 인터넷 상에 올라가 있다면, 그것은 웹 때문인 것이다. 우리가 인터넷 상에서 만화를 다운받아 내 컴퓨터에 저장한 다음에 파일을 열어 만화를 본다면, 그것은 더 이상 웹 만화로 분류되기 어렵다. 왜냐하면 인터넷을 통해 만화를 다운받았을 뿐, 웹 상에서 만화를 보는 것이 아니라 컴퓨터에 저장된 경로를 따라 만화를 보게 되기 때문이다. 웹 만화는 웹에 올라 온 만화를 다른 사람들과 함께 공유하며 웹 상에서 보는 만화를 지칭하는 것이다.

그렇다면 디지털 만화는 무엇인가. 디지털 만화는 디지털 매체로 표현한 만화를 총칭한다. 디지털 만화는 크게 세 가지의 측면에서 살펴볼 수 있는데, 그것은 매체 변환의 측면, 제작 방식의 측면, 그리고 커뮤니케이션 과정의 측면이다. 매체 변환의 측면에서 말하는 디지털 만화는 아날로그 방식으로 만들어진 만화를 디지털 방식으로 단순 변환 시키는 만화를 말한다. 즉 손으로 종이 위에 그린 만화를 컴퓨터로 볼 수 있게끔 스캔하여 웹에 올리는 만화를 말한다. 제작 방식의 측면에서 말하는 디지털 만화는 디지털 기기를 이용하여 제작되는 만화를 말한다. 요즘 만들어지는 대부분의 만화는 디지털 기기를 이용하기 때문에 매체 변환의 측면이나 제작 방식의 측면에서 바라본다면, 모두 디지털 만화에 해당한다. 마지막 측면인 커뮤니케이션 측면에서 말하는 디지털 만화는 디지털 방식으로 유포되는 만화를 말한다. 신문이나 책을 통해 전달되던 만화가 웹이나 인터넷과 같은 디지털 기술 방식을 통해 전달되는 만화를 말하는 것이다. 디지털 만화는 광범위한 측면에서 디지털 기술이 적용되는 만화를 총망라하고 있는 것이다.

이러한 측면에서 본다면 웹 만화는 디지털 만화의 커뮤니케이션 측면에서 바라본 디지털 기술로 전송되는 만화로 볼 수 있다. 디지털 시대를 움직이는 원동력은 웹을 통해 전달되고 유통되어 사람들끼리 정보를 공유하고 전달하는 힘이다. 사실 오늘날 만화가 다시금 주목을 받고 있는 이유도 여기에 있다. 웹 상에서 불특정 다수의 사람들이 공유하며 함께 읽는 만화는 대중성, 작품성, 시장성을 모두 얻을 수 있기 때문이다. 웹은 커뮤니케이션 통로에서 홍보 통로를 거쳐 유통망, 즉 만화가와 독자 사이에서 순수한 정보의 형태로 전달되는 만화들을 지칭하는 디지털 유통망으로 발전하고 있다. 웹의 상호작용성과 탈중심화된 특성들은 유통의 방식을 혁명적으로 바꿔 놓았다. 특히 만화와 같이 물질적 재화가 아닌 시각적이나 청각적 경험을 상품으로 유통시키는 경우에는 웹만큼 획기적인 것이 없다. 그렇기 때문에 점점 더 많은 만화가들은 웹 상에서 자신의 만화가 다양한 독자층과, 더 넓은 시장과 만나기를 바라고 있다. 디지털 기술 중에서 웹은 만화의 경쟁력과 가치를 높일 수 있는 원동력이 될 수 있는 것이다. 그렇기에 '웹'은 디지털 기술로 만들어지는 광범위한 만화의 개념을 특성화시키기에 가장 적합한 용어이며, 앞으로 '웹 만화'의 용어로 통일시켜 사용해야 할 것이다.

(2) 디지털 매체로서 웹 만화의 특징

디지털 매체로서 웹 만화는 읽기, 창작, 유통 세 측면에서 특징을 가지고 있다. 그것은 두루마리 형식의 읽기, 통합적 연출 방식의 창작, 낮은 진입 장벽의 유통이다.

웹 만화를 읽으려면 스크롤바를 이용하여 두루마리 휴지를 풀어 내듯이 세로로 읽어야 한다. 기존의 출판 만화가 페이지에 의한 가로 읽기인데 반해 웹 만화는 스크롤바에 의한 세로 읽기로, 두루마리 형식의 읽기는 출판 만화와 가장 변별되는 점이다. 웹 만화의 읽기 방식은 마치 선사 시대의 동굴벽화, 고대의 파피루스를 연상시키듯이 둘둘 말려 있는 캔버스를 돌려가며 읽는 느낌을 준다. 이러한 두루마리 형식의 읽기는 누리꾼들이 자신의 감정의 흐름에 따라 스크롤링 속도를 조절하면서 볼 수 있기에 출판 만화와는 사뭇 다른 긴장감과 스릴을 전해 준다. 그런데 이러한 두루마리 형식의 읽기가 가능해진 것은 픽셀 업데이트, 바로 리프레시 타임refresh time의 기술 발전에 기반한다. 1990년대까지만 하더라도 초창기 LCD는 리프레시 타임이 너무 느려 동영상을 보기 어려울 정도였다. 리프레시 타임은 실시간 업데이트 되는 시간으로, 화면이 최소한 1초에 15~30회 이상 리프레시되어야 한다. 그래야만 인간의 영상 인식이 불연속적인 장면을 연속적인 것으로 자연스럽게 인식할 수 있다. 이 기술은 잔상효과를 극대화시켜 마치 연속된 장면을 보는 것처럼 느끼게 하는 것인데, 두루마리 형식의 읽기에서 이 기술력은 작가의 의도를 잘 표현하여 독자의 감정을 이끌어 낼 수 있는 기반을 마련해 준다. 스크롤링에 따라 실시간 그림이 리프레시되어야 작가의 의도대로 웹 만화 속에 감정이 묻어날 수 있기 때문이다. 2000년대 들어서서 리프레시 타임은 빨라졌고, 이를 기반으로 비로소 장편 웹 만화가 창작될 수 있었던 것이다. 그동안 웹을 통해 접할 수 있었던 만화는 매 회마다 단편적인 이야기나 에피소드를 중심으로 하는 웹툰이었다. 그런데 2000년대에 들어서면서 긴 호흡을 가지고 연재하는 장편 서사의 웹 만화가 출현할 수 있게 된 것이다.

〈그림 4.1〉은 강도하의 〈큐브릭〉에서 주인공들의 정신적 상흔을 보듬고 치유해 주는 상징적 의미로 장대비가 내리는 장면이다. 약 110 컷에 달하는 장면이 모두 비 내리는 장면으로 처리되었을 만큼 작가가 비를 통해 전달하고자 하는 감정의 수위는 매우 격정적이고 강하다. 작가는 영화 기법인 줌 아웃/인zoom out/in을 적극적으로 사용하고, 빗줄기를 바라보는 시선을 위에서 아래로, 아래에서 위로 옮겨 다니며 주인공들의 심리 상태를 그림만으로 전달하고 있는 것이다. 그러나 이

장면들이 두루마리 형식의 읽기
가 아니었다면, 만약 단행본으로
출간되었다면, 작가는 아마도 이
렇게 많은 장면을 비가 내리는
것만으로 처리하지 못했을 것이
고, 대사 없이 오직 그림만으로
독자와 감정적 소통을 하기도
어려웠을 것이다.

웹 만화의 경우 독자의 시
선이 위에서 아래로 내려가기
때문에 밑에서부터 서서히 올라
오는 장면은 독자의 궁금증과
몰입을 증대시킨다. 출판 만화
는 다음 페이지에 대한 기대감
을 불러일으키기 위해 주로 각
장의 마지막 칸에 긴장감을 고
조시키는 그림을 삽입한다. 이
에 비해 웹 만화는 매 장면이 베
일을 벗기듯 조금씩 그 모습을

그림 4.1 **강도하의 〈큐브릭〉**

드러내기 때문에 독자의 긴장감은 한 회에 걸쳐 형성된다. 또한 웹 만
화를 읽는 독자의 시선에는 대개 한 장면만 포착되기 때문에 한 페이
지의 여러 장면이 한번에 눈에 들어오는 출판 만화에 비해 전개될 내
용에 대한 궁금증을 자아내기에 효과적이다. 이러한 독자의 몰입과
긴장감은 두루마리 형식의 읽기에서부터 기인한 것으로 디지털 매체

로서 웹 만화가 지니는 가장 큰 특징이다.

　두 번째 특징은 통합적 연출 방식을 통한 창작이다. 디지털 기술은 만화의 제작 환경을 변화시켰다. 지면이 한정되어 있던 출판 만화와 달리 웹 만화는 무한한 캔버스를 제공받는다. 원래 만화는 칸을 구분하여 공간을 만들어 내고 그 공간을 통해 시간을 흘러가게 한다. 그러기에 출판 만화는 한 페이지 안에 여러 개의 칸을 빽빽하게 나누어 칸과 칸 사이를 엮어가며 이야기를 이끌어 나간다. 그런데 웹 만화는 의도적으로 칸을 배제하고 여백을 가능한 한 많이 살려서 감정을 최대한 끌어내려 한다. 웹 만화에서의 칸은 한 줄에 한 칸씩, 중앙에 위치한다. 이러한 배치는 독자로 하여금 연속적인 읽기의 호흡을 유지시켜 주고, 긴장감을 조성시키며 여백을 통한 서정을 느끼게 하는 장치로 작용한다. 문학에서 순수 서정시가 포괄의 원리가 아니라 불순물이 끼어들지 않는 아름다운 정서를 형상화하기 위해 그 효과를 조금이라도 방해하는 요소를 모두 버리는 배제의 원리 위에서 형성되는 것처럼 웹 만화에서의 칸은 여백을 통한 감성을 창조해 내는 데 중요한 역할을 하고 있다. 또한 웹 만화는 컬러를 사용하여 만화를 연재하는 데 경제적으로 별다른 제약이 없기 때문에 작가는 다채로운 색을 사용하여 독자의 감성을 자극시키기에 용이하다. 실사 합성이나 콜라주 등의 기법을 웹 만화에 적용시킬 수 있어 색다른 느낌의 영상을 통해 독자의 감성을 자극하여 서정성을 이끌어 낸다.

　세 번째 특징은 쉬운 접근성이다. 만화란 본래적으로 대중들이 쉽게 접근할 수 있는 특성을 가지고 있다. 다시 말해 만화는 그 자체가 남녀노소를 모두 아우르는 대중문화적인 성격을 갖고 있는 것이다. 만화가 이렇게 낮은 진입 장벽을 가지고 있을 수 있었던 이유는 그림으로 의미를 전달하는 만화 콘텐츠의 내재적 속성 때문이다. 이러한 본래적 특징을 지닌 만화가 웹으로 옮겨 오면서 디지털 매체가 가진 외재적 속성에 의해 접근성이 한층 더 낮아지게 되었다. 웹 만화는 만화를 읽기 위해 서점이나 대여점을 갈 필요조차도 없게 만들었다. 그러다 보니 웹 만화는 만화를 접하는 것이 점점 뜸해지는 기성세대들까지 모두 끌어들일 수 있는 흡인력을 갖추게 되었고, 온라인의 특성상 빠른 시간 내에 인지도를 높일 수 있어 다른 콘텐츠로의 전환도 용이하게 되었다. 웹 만화의 1세대라 할 수 있는 강풀과 강도하의 웹 만화는 수만 번의 페이지 뷰를 기록했으며 이후 오프라인의 단행본으로 출간되었고 다른 문화콘텐츠로 새롭게 태어나기도 했다. 쉬운 접근성은 웹 만화가 대중성과 시장성을 획득하는 데에 많은 도움을 준다.

　　헨리 젠킨슨은 주로 비주류 만화들만이 웹을 통해 출간되던 미국에서 더 이상 사람들이 만화를 읽지 않자, 주류 만화 회사들도 대안수단으로 웹을 찾고 있다고 말한다. 기존의 인쇄 매체가 오래 지속되면서 만화 세계는 절망이 생겨났고, 웹 만화는 만화 세계의 실험적 대안으로 등장하게 되었다는 것이다.[37)]

(3) 웹 만화의 스토리텔링과 기능성 확장

웹 만화는 출판 만화와 다른 매체를 표현 수단으로 삼았기 때문에 창출해 내는 스토리텔링과 기능성機能性 functional skill/nature이 다르다. 그럼에도 불구하고 지금까지 웹 만화에 대한 논의는 주로 매체의 변화 측면에서 이루어졌다.[38)] 매체의 변화는 만화를 담아 내는 형식의 변화를 의미한다. 웹 만화에 대한 올바른 이해는 이러한 형식의 변화가 내용을 어떻게 변화시키는지에 대한 논의가 이루어졌을 때 가능하다.

웹 만화는 웹 만화로서의 스토리텔링을 구현한다. 이 말은 웹 만화가 출판 만화와는 다른 스토리텔링을 구사한다는 뜻이다. 웹 만화가 출판 만화로 출간되었을 때 만화책을 읽어 보면, 웹 만화에서 느껴졌던 매력은 사라지고 평이한 서사구조만 앙상하게 남아 있는 경우가 많다. 같은 서사, 같은 그림이지만 출판 만화는 웹 만화가 가져다 주는 강렬한 몰입이 느껴지지 않는 것이다. 이러한 현상은 웹 만화와 출판 만화가 구현하는 스토리텔링이 다르기 때문에 나타나는 것이고, 바로 이 부분에서 매체적 변화에 따른 스토리텔링에 대한 연구가 필요한 것이다.

① 다중형식 스토리텔링

다중형식 스토리란 하나의 상황이나 줄거리를 일상 경험 속에서는 서로 배치되는 여러 가지 변형으로 보여 주는, 글로 쓰이거나 극으로 된 서사를 뜻한다. 웹 만화에서는 주로 대칭적 4자 구도의 다중형식 스토리텔링 구조가 발견된다. 웹 만화는 웹툰, 장편 출판 만화와 다른 스토리텔링을 구사하는데, 이를 파악하기 전에 우선 웹 만화가 웹툰, 장편 출판 만화와 연재성連載性, 서사적 흐름 측면에서 어떤 차이를 가지고 있는지 살펴보아야 한다.

웹툰은 본래 개인 블로그를 통해 전파되었기 때문에 연재를 하는 데 있어 불규칙성을 지닌다. 매회 에피소드식 플롯을 구사하여 한 회마다 끝을 맺기 때문에 웹툰의 종료 시점도 불명확하다. 반면 장편 출판 만화는 긴 서사적 흐름을 가지고 수십 권의 단행본을 출간한다. 수십 권의 단행본은 불규칙적으로 간행되며, 독자들은 각 권의 출간을 기꺼이 기다려 준다. 반면, 웹 만화는 서사 중심의 플롯을 가지고 있으면서 동시에 정해진 요일마다 규칙적으로 웹에 연재된다. 연재성의 측면에서 본다면 웹 만화는 신문에 연재되는 시사 만화와 유사하다. 그런데 최소 6개월 이상 플롯을 이끌어가는 스토리텔링 측면에서 보면, 웹 만화는 장편 출판 만화와 유사하다.

정리해 보면, 웹 만화의 연재성은 웹툰과 장편 출판 만화 중 가장 엄격한 경향을 가지고 있다. 다시 말해 정해진 요일에 웹에 올려야 하는 규칙적이고 빠른 연재 속도를 갖고 있는 것이다. 웹 만화의 서사적 흐름은 매 회 끝을 맺는 웹툰과 긴 호흡을 갖고 있는 장편 출판 만화의 중간 위치에 놓인다. 웹 만화에서 출판 만화와 같은 거대한 서사 구조를 갖고 있기는 힘들다. 웹 만화가 독자들에게 몰입감을 주기 위해서는 단일한 플롯—하나의 상황이나 줄거리—에 대한 반복적 변주를 통한 다중형식 스토리텔링이 적합하다. 다수의 인물과 다양한 사건이 전개되는 서사적 흐름을 전개시키기에는 웹 만화의 양식이 적합하지 않다. 왜냐하면 웹 만화의 두루마리 형식의 읽기 방식은 분절된 칸의 흐름에 따른 시간의 연속성을 획득하는 것보다 칸의 흐름에 따른 감정의 공감을 획득하는 데 더 용이하기 때문이다.

출판 만화는 칸에서 칸으로 시간 점프가 가능하다. 독자가 이야기 속으로 쉽게 빠져들기 위해서는 상당히 그럴 듯한 '시간적 리듬'이 사용되어야 한다. 칸의 숫자와 크기는 이야기의 리듬과 시간의 흐름을 조절하는 데 기여한다. 예를 들어 시간을 압축할 필요가 있을 때는 칸을 더 많이 사용한다. 그러면 행위는 다른 칸에서 벌어지는 행위와는 다르게 세분화되어 분할된다. 칸들을 더 촘촘하게 그릴수록 시간은 더 천천히 흘러간다.[39]

반면 웹 만화는 독자의 몰입을 유도하기 위해 '공감적 리듬'을 만든다. 칸의 크기와 숫자는 인물의 감정과 독자의 공감을 조절하는 데 기여한다. 좌측칸에서 우측칸으로 시간 점프가 가능한 출판 만화와는 달리, 웹 만화는 위에서 아래로 감정의 흐름을 지속시킨다. 시간의 흐름은 스크롤을 이동하는 행위를 통해 소극적으로 전개될 뿐이다. 〈그림 4.2〉는 강풀의 〈그대를 사랑합니다〉와 강도하의 〈위대한 캣츠비〉의 일부이다. 〈그대를 사랑합니다〉에서는

그림 4.2 〈그대를 사랑합니다〉, 〈위대한 캣츠비〉

송씨 할머니를 사랑하는 할아버지에게 고백하라는 손녀의 말에 당황한 할아버지의 모습을 보여 준다. 일정한 크기의 칸을 통해 할아버지와 손녀의 대화를 보여 준 뒤, 길게 늘인 칸을 통해 할아버지의 고심하는 마음을 보여 준다. 〈위대한 캣츠비〉에서는 캣츠비와 선의 이별을 눈 위에 찍힌 선의 발자국을 클로즈업하면서 보여 준다. 선이 떠나가는 모습을 시간의 흐름에 따라 직접 보여 주는 것이 아니라, 같은 공간

에서 선은 사라지고 남은 발자국을 클로즈업함으로써 가슴 아픈 이별 장면을 느끼게 해주는 것이다.

이와 같이 웹 만화에서의 칸은 시간적 리듬보다 공감적 리듬이 더 강하게 작용한다. 그렇기 때문에 웹 만화는 장편 출판 만화처럼 거대한 서사 흐름을 갖기 보다는 단일한 플롯을 다양하게 변주시켜 풍성한 이야깃거리로 만드는 스토리텔링을 갖게 되는 것이다.

강풀의 〈순정만화〉, 〈바보〉, 〈그대를 사랑합니다〉는 사랑에 대한 다양한 이야기를 다룬다. 〈순정만화〉에는 회사원 연우와 여고생 수영의 사랑, 실연한 하경과 고등학생 숙이의 사랑, 하경의 옛 애인이면서 연우의 친구인 규철과 은주붕어빵 아주머니의 사랑이 담겨 있다. 〈바보〉에는 바보 승룡이의 친구 지호, 상수를 향한 사랑 이야기, 동생 지인을 향한 사랑 이야기가, 〈그대를 사랑합니다〉에는 노인들의 사랑 이야기가 담겨 있다. 즉, 사랑은 아름답다라는 동일한 주제를 가지고 네 명의 주인공이 보여 주는 각기 다른 사랑 이야기가 들어 있는 것이다.

〈순정만화〉는 연우, 수영, 하경, 숙이의 네 명이 주인공이다. 이들의 사랑은 나이 차로 인해 이루어지기 어려워 보인다. 여고생과 회사원의 사랑, 남고생과 연상녀의 사랑은 사회적 물의를 일으킬 만한 자극적 소재이지만, 〈순정만화〉에서는 사회적 통념과는 정반대의 순수한 사랑을 그림으로써 오히려 신선한 자극을 준다. 사회적 통념에 대한 극복은 고등학생인 수영과 숙이가 보인 상대방에 대한 일방적이면서도 순수한 사랑의 모습에 있었다. 그리고 수영이 가지고 있는 새 아빠에 대한 마음속 상처는 독자들에게 연우와 수영의 순수한 사랑을 받아들일 수 있게 만들었고, 사랑하는 남자에게 실연당한 상처를 갖고 있는 하경도 남고생 숙이의 사랑을 받아들일 수 있는 개연성을 갖게 만들었다. 연우와 수영, 하경과 숙이 커플은 성별, 나이, 상처의 유무 등 모든 면에서 서로 대조를 이루며, 복잡한 스토리라인을 가지고 있는 듯 보인다. 그러나 〈순정만화〉는 연우와 수영의 사랑, 하경과 숙이의 사랑, 그리고 이들의 관계를 서로 의미 있게 맺어 주는 연우 친구이자 하경의 옛 애인 규철과 수영과 숙이가 자주 만났던 붕어빵 가게의 주인아주머니 은주의 사랑의 단일한 플롯을 가지고 있을 뿐이다. 단조로울 수 있는 연우와 수영의 사랑 이야기에 하경과 숙이의 또 다른, 그렇지만 유사한 사랑 이야기를 삽입한다. 그리고 서로 동떨어질 수 있는 두 커플의 이야기를 유기적으로 맺어 주기 위한 역할로 보조적 사랑 이야기를 통해 〈순정만화〉의 사회적 통념을 뒤엎는 순수한 사랑 이야기는 풍부하게 변주될 수 있는 것이다.

〈그대를 사랑합니다〉도 유사한 스토리텔링을 보여 준다. 중심 스토리는 부인과 사별한 할아버지와 남편의 폭력으로부터 벗어나 힘들게 살아온 할머니의 애틋한 사랑 이야기이다. 할머니가 건네는 우유 하나에 할아버지에 대한 사랑이 느껴지고, 할아버지가 밀어 주는 손수레에 따뜻함이 전달된다. 여기에 할아버지의 친구 부부의 사랑 이야기를 더함으로써 단조로울 수 있는 플롯에 단일한 주제이면서도 서로 다른 변이된 사랑 이야기를 보여 주는 것이다.

강도하의 〈큐브릭〉과 〈위대한 캣츠비〉도 이러한 맥락에서 이해할 수 있다. 이들 작품도 사랑을 다루고 있지만, 그 분위기에서는 강풀의 작품과 사뭇 다르다. 강풀의 작품이 따뜻한 시선으로 사랑을 아름답게 그리고 있다면, 강도하의 작품은 상처를 가진 존재들이 서로를 치유해 가는 과정에서 사랑을 고통스럽게 그리고 있다.

〈큐브릭〉은 엄마의 죽음에 대한 잘못된 기억으로 아빠를 증오하며 사는 미우와 배다른 엄마에게서 태어나 아빠에 대한 강한 적개심을 가지고 있는 수경의 이야기를 중심으로 펼쳐진다. 여기에 공사장에서 불의의 사고를 당하고 죽은 아빠와 연탄가스를 마시고 정신이 이상하게 된 엄마를 가진 독우, 높이뛰기 코치에게 성폭행을 당하고 친구들에게 따돌림을 당하다가 결국에 머리를 다쳐 지능이 낮아진 소영의 이야기가 더해진다. 〈큐브릭〉은 가슴 아픈 상처를 지니고 있는 미우, 수경, 독우, 소영이 상처를 치유해 나가는 과정을 그리고 있다. 가정에서, 사회에서 소외받은 자들이 한 집에 모여 살면서 서로에 대해 알게 되고 이해하고 사랑하는 과정을 통해 소통의 관계를 만들어 나가는 것이다.

이와 같이 살펴본 웹 만화에서는 하나의 이야기를 서로 다른 배치를 통해 들려 주는 다중형식 플롯을 갖는다. 영화에서 보조 플롯이 중심 플롯의 주제 의식과 같지만 다르게, 이왕이면 독특한 방식으로 표현한다면 영화의 주제가 변주되면서 더 강화되는 것처럼 말이다. 칸의 연속적 흐름이 공감적 리듬을 갖고 이것이 독자를 몰입시키는 장치로 작용하는 웹 만화에서는 4자 구도를 통한 다중 형식 스토리텔링이 이야기의 짜임새와 완결성을 높이는 데 효과적인 것이다.

② 공간 중심 스토리텔링

웹 만화는 다중 형식 스토리텔링과 함께 공간 중심 스토리텔링의 특성을 갖는다. 웹 만화에 등장하는 인물과 일어나는 사건은 공간 속에서 서로 관계를 맺고 의미 창출이 가능해진다. 들뢰즈의 이론에 따르면 리좀형 모델은 어떤 중심축 없이, 선들이 서로 만나고 흩어지는 방식으로 접속하고 분기하는 뿌리줄기 모델을 말한다. 리좀을 중심으로 하는 계열의 사유는 모든 사건들이 이미 존재하는 문화장 내에서 계열화되며, 계열화되는 순간 비로소 의미로 나타난다는 것을 전제로 한다.[40] 또한 들뢰즈는 수많은 사건의 계열화를 통해서 한 주체가 성립한다고 말한다. 리좀형 모델은 인물을 사건의 계열화 속에서 형상화시키기 때문에 사건 계열 속에서 인물을 이해할 수 있는 것이다.

웹 만화의 스토리텔링은 한 명의 주인공이 아닌 여러 주인공들이 우연적으로 만나거나 발생하는 사건 속에서 서사를 이끌어 간다. 특히 서사 흐름은 인물 중심으로 발전하는 것이 아니라 사건 중심으로 발전한다. 인물과 사건 중심의 서사적 흐름은 웹 만화가 가지고 있는 공감적 리듬의 특성과 함께 칸의 이동에 따라 공간 중심의 스토리텔링으로 변화한다. 이러한 공간 중심의 스토리텔링이 잘 나타나고 있는 웹 만화는 강풀의 〈이웃사람〉, 〈아파트〉, 〈타이밍〉, 강도하의 〈로맨스 킬러〉와 같은 심리추리물, 스릴러물이다. 이러한 장르의 웹 만화는 공포와 스릴, 추리와 결말의 반전이 잘 어우러져 통일성을 갖추어야 한다. 그래야만 두루마리 형식의 읽기 방식과 함께 최고조의 긴장감을 유발시킬 수 있는 것이다.

강풀의 〈이웃사람〉은 2008년 미디어 다음에 5개월 동안 총 30화가 연재된 웹 만화이다. 이 작품은 사람을 납치해 살해하던 연쇄살인마가 바로 같은 빌라에 살고 있는 사람이었지만, 그것을 알지 못하던 이웃 주민들이 하나 둘 수상한 단서를 발견하는 데에서 시작한다. 이 웹 만화의 주된 테마는 살인자의 범죄 행각에 따라 흘러가지만, 작가의 초점은 범인에게 맞춰져 있지 않다. 작가의 초점은 〈이웃사람〉이란 제목에서도 암시하고 있듯이 범인의 이웃사람들이었던 빌라 주민들의 변화 과정에 있다. 이웃사람들은 처음에는 사건의 단서들을 애써 인식하지 않으려 했고, 별 것 아닌 것으로 치부하고자 했다. 그러나 이들은 살인자가 저지른 범행 흔적을 하나둘 발견하게 되면서, 범죄 사건에 개입을 해야 하는지 말아야 하는지 갈등하고 괴로워하며 고민하다가 결국에는 사건의 중심으로 들어가 범인 검거에 성공하게 된다. 마지막 살해 타깃이 되었던 여고생을 구하는 데는 성공하지만, 15년 전 우발적 살인을 저질러 숨어 살던 경비원은 연쇄살인마를 또 다시 살해하는 악순환을 되풀이하게 된다. 15년 공소시효 만기를 눈 앞에 두고 있었던 경비원은 연쇄살인마를 살해함으로써 다시 세상을 피해 숨어 다녀야 하는 악의 굴레에 빠지게 되는 것이다. 이 작품은 연쇄살인마의 범죄 행각이 왜 일어났는지, 어떻게 해결되는지를 보여 주기보다는 연쇄살인마로 인해 단절되었던 이웃들이 서로에게 관심을 가지고 주변을 살펴봄으로써 관계성을 회복하려는 치유 과정을 보여 주는 데에 주력한다.

〈이웃사람〉에 나타난 단절된 관

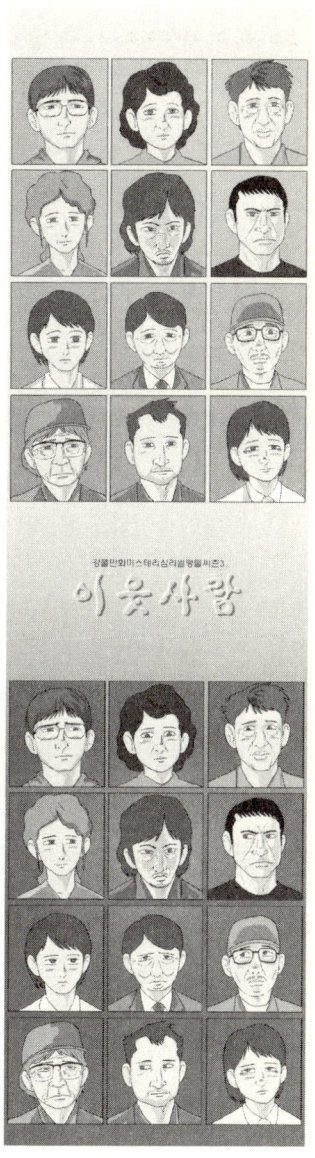

그림 4.3 〈이웃사람〉 예고편

계성은 새엄마와 수영의 관계, 사채업자와 삼촌과의 관계, 경비원과 친구와의 관계에서 나타난다. 이들은 재혼한 아버지 밑에서 새엄마를 받아들이지 못하는 수영이와 의붓딸에게 다가가지 못하는 새엄마, 삼촌에게 빌려준 돈을 돌려받기 위해 폭행과 협박을 하는 사채업자 조카, 사소한 말다툼 끝에 친구를 낭떠러지로 떨어져 숨지게 하고 사건을 은폐한 오래된 친구이다.

11명의 이웃사람들은 살인자를 중심으로 각각의 스토리와 사건을 연계지어 나간다. 또한 서로 다른 공간 속에서 살인자와 이웃이 된 사람들끼리도 서로 우연히 마주치거나, 같은 공간 속에 있거나, 사소한 사건을 통해 관계를 맺게 된다. 이웃사람들 간의 관계가 작품 전체에 영향을 미치는 주요 사건이 아니더라도, 11명의 인물이 그물망처럼 관계를 맺고 계열화되어 각 인물에 대한 이해를 심화시킬 수 있는 역할을 한다.

만화가 시간의 흐름을 갖는 연속 예술이지만, 웹 만화는 시간성보다는 공간성 중심으로 방사되는 리좀형 서사 모델을 갖고 있는 것이다. 예를 들어 〈순정만화〉에서 보면 연우와 수영이 아파트 복도에서 스프레이로 눈 놀이를 하고 있는 같은 공간 속에서 땅 위의 하경이와 숙이는 눈이 내렸으면 좋겠다고 말한다. 그 순간 눈이 내리고 하경은 잊지 못할 추억을 갖게 된다. 이 장면에서 연우와 수영, 하경과 숙이는 서로 같은 공간에 있다는 것을 모르지만, 스프레이 눈이 이들 커플을 연계해 주는 매개체가 되고, 눈은 모두에게 의미 있는 기억으로 남게 되는 것이다. 특히 〈순정만화〉에 나오는 공간은 특별한 의미를 가지고 있다. 아파트 복도, 공원 벤치, 붕어빵 파는 리어카, 목도리 파는 리어카에서 주인공들은 서로 수없이 만나고 스쳐 지나가는 우연을 반복하는데, 이렇게 같은 공간 속에서 서로 얽히는 과정과 사건을 통해 인물이 형상화되는 것이다.

③ 감흥성과 환기성의 부상

웹 만화는 발달된 디지털 기술을 바탕으로 형성되고 있다. 기술적 측면의 발달은 웹 만화의 기능을 확장시켜 출판 만화와 다른 효용성을 갖게 된다. 본래 만화는 이야기를 전달하는 기능에서부터 학습을 위한 교육적 기능, 특성화된 정보전달을 위한 지식전달 기능, 사회를 꼬집고 세태를 비판하는 풍자적 기능 등을 가지고 있다.

그간 웹 만화를 주도해 온 주된 장르는 〈위대한 캣츠비〉, 〈순정만화〉, 〈그대를 사랑합니다〉, 〈핑크 레이디〉와 같은 서정성이 짙은 순정만화나 〈란의 공식〉, 〈아파트〉, 〈타이밍〉 등과 같은 추리물이나 스릴러물이다. 웹 만화가 서정성을 갖는 이유는 앞서 살펴본 바와 같이 두루마리 형식의 읽기와 공감적 리듬을 갖는 칸의 역할 때문이다. 웹 만화의 두루마리 형식의 읽기는 독자와 함께 감정을 느끼고 호흡할 수 있어 서정성을 극대화시킨다. 또한 두루마리 형식의 읽기는 마우스로 조절하면서 속도감을 주어 읽을 수 있기 때문에 긴장감을 높여 주기에 알맞고 궁금증을 자아내기에 용이하기 때문에 반전이 부각되는 추리물이나 공포감을 조성해야 하는 스릴러물에 적합하다. 에피소드나 짤막한 이야기를 그려내는 웹툰보다는 서사를 가지고 진행해 나가는 장편 웹 만화가 디지털 매체로서의 성격을 잘 드러낸다고 볼수 있다.

웹 만화가 정기적으로 업데이트되는 것은 고정된 독자층을 확보하기 위해 중요하다. 웹 만화는 인터넷 특징상 불특정 다수의 독자를 대상으로 한다. 언제 누가 얼마나 읽을지 예측이 되지 않는 상황 속에서 규칙적인 업데이트는 고정된 독자층을 만들 수 있도록 한다. 인터넷 사용이 습관처럼 되어버린 사람들에게 규칙적으로 제공되는 웹 만화는 그 만화가 연재되는 기간 동안에는 같은 공감대를 형성하게 만든다.

웹 만화의 두루마리 형식의 읽기는 조금씩 미끄러지듯 내려간다. 이러한 읽기 방식은 독자의 감정 흐름이 끊어지지 않고 연속될 수 있기 때문에 서정성 획득에 용이한 것이다. 서정성은 독자들에게 정서적 감동을 준다. 사랑에 대한 웹 만화를 보면서 독자들은 주인공과 함께 가슴 아파하고 그리워하고 기뻐하며 행복해 한다. 그런데 웹이란 환경은 웹 만화가 가진 서정성에 독자들의 공감대를 형성할 수 있는 토대를 제공한다. 실시간 이루어지는 댓글과 한 회 올라오고 난 뒤 달리는 작가의 꼬리말에 독자들은 함께 창작의 시간을 보내는 것이다. 업데이트가 하루라도 늦어지면 작가는 곧바로 긴 사과의 글을 올리고, 독자들은 곧바로 격려와 응원의 힘을 보내는 장이 마련된다. 한 곳에 정착하지 못한다는 의미에서 독자들은 유목민으로, 망망대해에서 배를 타고 이리저리 다니지만 흔적이 없다는 의미에서 인터넷 행위는 항해로, 또한 불특정 다수로 상징되는 웹 상에서 주기적으로 특정인들이 모여 정서적 감동을 느끼는 공감대를 형성하고 표출하는 것이 바로 웹 만화인 것이다.

이제 웹 만화는 정서적 감동뿐만 아니라 독자들의 공감대를 형성하고, 작가와 소통의 장을 마련하는 힘을 갖는 것이다. 다시 말해 웹 만화의 기능성은 기술의 측면에 국한되는 것이 아니라 독자들에게 정서적 감동을 안겨 주는 동시에 설득의 힘을 갖는 감흥성inspiration과 환기성^{evocation}으로 확장되는 것이다.

강풀의 〈이웃사람〉은 인간이 삶을 살아가면서 기본적으로 맺는 가족, 친척, 친구의 관계 속에서 소통하지 못하고 문제를 안고 살아가는 모습을 보여 준다. 이들은 자신들의 문제 때문에 타인과 단절하고 주변에 관심을 갖지 않은 채 살아간다. 그렇기 때문에 이웃사람이 연쇄살인을 저지르고 있다는 의심을 하면서도 선뜻 나서지 못하는 것이다. 이 작품을 읽는 독자들에게 이러한 인물들의 행동은 바로 나의 문제이고, 우리 가족, 친척, 친구의 모습으로 다가온다. 소소하고 진부한 일상이라 생각했던 삶의 모습들을 통해 단절된 채 살아가고 있었던 독자들에게 관계성 회복이란 메시지를 환기시켜 주는 것이다. 우리는 강도하의 〈큐브릭〉을 통해 자신에게 주어진 마음 속 상처를 안고 살아가는 인물들이 서로 상처를 감싸 주고 보듬어 주는 치유의 과정을 경험한다. 강도하의 〈로맨스 킬러〉에서는 사랑과 증오, 애증의 관계에서 허덕이는 나를 발견하기도 하고, 강풀의 〈바보〉에서는 너무나도 착한 승룡이의 바보 같은 헌신에 감동하기도 한다. 그리고 〈순정만화〉 같은 사랑을 꿈꾸고, 〈그대를 사랑합니다〉라는 말을 할 수 있는 상대가 죽을 때까지 있었으면 좋겠다는 상상을 한다. 이렇듯 우리는 웹 만화를 읽으면서 개인적인 재미와 감동을 느끼는 동시에 실시간으로 집단적인 공감대를 형성하며 감흥성을 경험하는 것이다.

웹 만화 〈위대한 캣츠비〉의 스토리텔링 구조 분석

■ 웹 만화 〈위대한 캣츠비〉의 등장

〈위대한 캣츠비〉는 미디어 다음에서 2005년 3월 2일부터 10월 31일까지
총 4부 72화가 연재된 이후, 단행본 6권으로 출판되었고, 뮤지컬과 드라마
로 상영, 제작 중이다. 〈위대한 캣츠비〉는 캣츠비와 6년 간 사귀던 여자친
구 페르수가 어느 날 갑자기 결혼과 동시에 떠나버린 후 벌어지는 등장인물
들의 사랑과 우정, 배신에 대해 그리고 있다. 이 작품은 20대의 사랑에 대
해 다분히 멜로적인 감수성으로 접근하고 있으면서도, 탄탄한 스토리텔링
을 형성하고 있다.

■ 웹을 통한 서정성 획득

〈위대한 캣츠비〉가 웹 만화로서 가지는 형식적 특성은 크게 세 가지로 나
눌 수 있다. 그것은 두루마리 형식의 읽기, 의도적인 칸의 배제, 시각적 효
과를 극대화한 영상성이다.

　만화는 칸과 칸 사이의 여백을 통해 독자의 상상력을 자극하고 이미지
의 연속에 의해 의미론적 담론을 만들어 내는 힘을 가지고 있다. 그런데 웹
만화 〈위대한 캣츠비〉는 이러한 만화의 본래 힘에다가 마우스로 끌어내리
며 읽어야 하는 웹 형식을 적절하게 이용하여 서정성을 확보한다. 종래의
출판 만화는 1편을 왼쪽에서 오른쪽으로 페이지를 넘겨 가며 읽는 책의 형
식인 반면, 〈위대한 캣츠비〉는 1회를 마우스를 이용해 위에서 아래로 내려
가며 읽는 두루마리의 형식을 취한다. 마치 깊은 바닷속으로 들어가는 듯한
느낌을 주는 세로 읽기는 한 회의 만화를 연속성이 강한 이미지의 나열로
끊김 없이 읽어 내려가게 함으로써 독자의 흥미를 배가시킨다.

1부 10화 '수컷의 몸값'을 보면, 6년을 사귄 여자친구 페르수가 떠난 뒤 결혼 압박에 시달리는 캣츠비는 결혼정보회사를 통해 선이라는 여자를 만나게 되고, 술에 취해 잠들었다가 잠이 깼을 때 집이었으면 좋겠다는 생각을 하며 천천히 눈을 뜬다. 페르수를 생각하며 잠이 들었다가 절친한 친구이자 함께 사는 하운두를 생각하며 눈을 뜨는 이 장면은 검은 바탕에 하얀 글씨가 점점 흐려졌다가 다시 진해지는 방법으로 캣츠비의 정서를 나타내고 있다. 마우스를 움직이며 세로로 읽는 독자는 캣츠비의 깊은 절망과 상처, 쉬고 싶어 하는 심정을 함께 느낄 수 있는 것이다. 두루마리 화장지를 풀어내듯 세로로 읽는 방식은 주인공의 정서를 표현하고 전달해 주는 데 매우 큰 역할을 하는 것이다. 이러한 두루마리 형식의 만화 읽기는 만화가가 한 장면을 여러 칸으로 늘려 독자의 호흡을 길게 조절할 수 있어 긴장감을 끌고 나가는 데 출판 만화보다 유리한 위치에 있다.

〈위대한 캣츠비〉가 서사 중심의 만화이면서도 칸을 세세하게 분할하기보다는 의도적으로 칸을 배제하고 여백을 가능한 한 많이 살리고 있는 것도 서정성을 갖게 하는 또 하나의 요소가 된다. 만화에서 칸은 공간과 시간을 만들어 내는 매우 중요한 요소이다. 만화는 칸의 구분을 통해 공간이 구별되고, 시간의 흐름을 갖게 되다 보니 가능한 한 많은 칸이 필요하다. 그런데 「위대한 캣츠

그림 4.4 '수컷의 몸값'

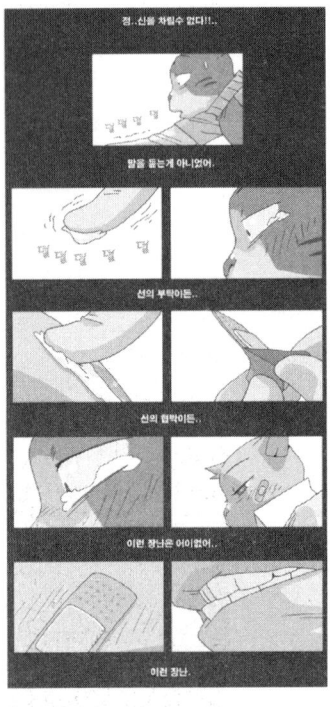

그림 4.5 〈애인〉

비」에서 칸은 한 줄에 한 칸씩, 중앙에 위치하고 있다. 이러한 배치는 독자로 하여금 연속적인 읽기의 호흡을 유지시켜 주고, 긴장감을 조성시키며, 여백을 통한 서정을 느끼게 해주는 장치로 작용한다. 문학에서 순수 서정시가 포괄의 원리가 아니라 불순물이 끼어들지 않는 아름다운 정서를 형상화하기 위해 그 효과를 조금이라도 방해하는 요소를 모두 버리는 배제의 원리 위에서 형성[41]되는 것처럼 〈위대한 캣츠비〉에 나타난 의도적인 칸의 배제는 감성을 창조해 내는 데 중요한 역할을 하고 있다. 이러한 칸의 배제가 가져오는 효과는 〈위대한 캣츠비〉의 웹 만화와 출판 만화를 비교해 보면 잘 드러난다.

2부 7화 '애인'에서 캣츠비는 선의 뺨을 때려 상처를 내고는 약을 발라 주는 장면이 나온다. 자신의 뺨을 때려보라는 선의 강요에 못 이겨 얼떨결에 뺨을 때리기는 했지만, 막상 선의 얼굴에 난 상처를 보고 사랑하는 사람에 대한 미안함, 가슴 아픔, 자신에 대한 미움 등이 뒤엉켜 덜덜 떨리는 손으로 연고를 발라 주는 장면이 웹 만화에서는 한 줄에 두 칸씩, 총 네 줄에 걸쳐 여덟 칸이 규칙적이고 대칭적으로 그려지고 있다. 이 장면은 잘 정제된 칸의 배열을 통해 복잡한 캣츠비의 심정이 눈물과 선의 얼굴에 붙은 반창고와 함께 팽팽한 긴장감을 보여 주고 있다. 한 줄에 두 칸씩 똑같은 크기의 칸을 병렬 배치하면서 질서를 유지하고 있는 것이다. 이에 비해 단행본으로 나온 출판 만화의 같은 부분[42]을 살펴보면, 이러한 대칭적 구조가 사라지고 페이지의 넘김으로 인해 호흡의 단절을 가져와 캣츠비의 복잡한 심정을 효과적으로 나타내지 못하고 있다.

마지막으로 천연색 컬러의 사용, 칸의 크기 변화, 글씨의 위치 및 크기 변화 등을 통해 시각적 효과를 극대화할 수 있는 영상성을 〈위대한 캣츠비〉의 서정적 요소로 들 수 있다. 천연색 컬러를 사용할 수 있었던 이유는 〈위대한 캣츠비〉가 웹 만화이기 때문에 가능했다. 웹 상에서는 컬러 만화를 연재하는 데 경제적으로 아무런 제약이 없기 때문에 만화가가 다양한 색을 사용하는 것이 자유롭다. 또한 모니터를 통해 바라보는 웹 만화의 경우, 현란한 영상에 익숙한 이용자들에게 흑백보다는 컬러가 독자를 자극하는 데 훨씬 유리하다. 파스텔 톤의 그림책 같은 〈위대한 캣츠비〉는 주인공들의 격렬한 감정을 표현할 때는 배경을 검붉은 색으로, 회상을 처리할 때는 흑백이나 단조로운 단색으로, 캣츠비와 하운두가 사는 판자촌과 골목길을 빛바랜 초록색으로 표현해 내고 있다. 이러한 컬러의 사용은 해설[narration]이나 말풍선이 없이 연속된 이미지만으로도 이야기와 감수성을 담아낼 수 있도록 만든다. 또한 〈위대한 캣츠비〉에는 감정, 절망, 공포 등의 점층적인 고조를 드러내기에 웹 상에서 칸의 모양과 글자 크기를 적절하게 조절하는 것만큼 효과적인 것이 없다는 점을 이용하여 감성을 배가시키고 있다.

이와 같이 〈위대한 캣츠비〉는 두루마리 형식의 읽기와 의도적인 칸의 배제와 정렬, 영상성이 유기적으로 연계되면서 서정성을 획득하여 이미지를 통한 스토리텔링을 구현하고 있다.

■ 3중 구조에 따른 서사적 층위

〈위대한 캣츠비〉에는 한 개의 중심 플롯과 세 개의 보조 플롯이 나타나고 있다. 이 이야기에는 중심 플롯과 보조 플롯을 합쳐, 캣츠비, 페르수, 선, 하운두의 네 명의 주인공이 등장한다. 세 개의 보조 플롯은 중심 플롯의 단조로운 멜로 이야기를 좀 더 복잡하게 얽히게 함으로써 이야기의 긴장감과 박진감을 더해 주고 있다.

중심 플롯은 캣츠비와 페르수의 이별과 캣츠비와 선과의 새로운 사랑이야기이다. 6년을 사귄 페르수가 어느 날 넥타이를 선물하며 결혼 통보와 함께 이별을 고하는 사건을 시작으로 결혼정보회사를 통해 만난 선과의 사랑을 만들어 나가는 캣츠비의 이야기가 중심 플롯이다. 결혼은 했지만 여전히 캣츠비의 주변을 서성거리는 페르수와 그런 그녀에게 냉담한 모습을 보이지만 여전히 남아 있는 사랑의 앙금을 털어버리지 못하는 캣츠비, 그런 그를 아낌없이 사랑해 주고 옆에서 지켜봐 주고 있는 선의 이야기가 〈위대한 캣츠비〉의 전체적인 이야기 흐름을 이끌어 나간다.

첫 번째 보조 플롯은 하운두와 몽 부인, 몽 부인 남편의 묘한 관계에 대한 이야기이다. 과외로 벌이를 하는 하운두는 어느 날 몽 부인을 만나면서 사랑에 빠지게 된다. 그러던 중 하운두는 몽 부인의 남편에게서 자신의 부인을 유혹해 달라는 이상한 제안을 받게 된다. 몽 부인을 유혹하기 위해 애쓰던 하운두는 결국 이 제안이 몽 부인과 몽 부인 남편이 짠 게임이었다는 사실을 알고 자살을 시도한다. 이 보조 플롯은 2부 14화에서부터 본격적으로 시작되면서 중심 플롯과 함께 진행된다.

두 번째 보조 플롯은 페르수와 그녀가 결혼한 남편 부르독과의 이야기이다. 페르수는 돈이 많고 전 부인에게 집착하는 중년의 남자 부르독과의 결혼 생활에서 안정을 찾지 못한다. 돈을 보고 결혼한 페르수와 젊고 예쁜 여자를 보고 결혼한 듯한 부르독과의 결혼 생활을 보기에도 위태위태해 보인다. 그러던 페르수가 어느 날부터 부르독에게 애정을 쏟기 시작하면서 둘의 관계를 급속도로 진전되고, 결국 페르수는 임신을 하게 된다. 부르독은 아기를 갖지 못하는 상태이면서도 임신한 아내를 있는 그대로 받아들이는 이 보조 플롯은 3부 4화에서부터 이야기의 실타래를 풀어나간다.

세 번째 보조 플롯은 하운두와 페르수의 이야기이다. 세 번째 보조 플롯은 〈위대한 캣츠비〉에서 등장하는 장면은 많지 않다. 그러나 이 보조 플롯은 중심 플롯과 첫 번째, 두 번째 보조 플롯이 진행되는 동안 물밑에 숨겨져 있다가 마지막 반전을 노리면 수면 위로 올라와 반전을 꾀하는 중요한 역할을 하고 있다. 6년 전 하운두와 페르수, 캣츠비가 첫 만남을 가졌던 미팅에서부터 하운두는 페르수에 대한 집착을 가지고 있었던 것이다. 하운두에게서 벗어나기 위해 페르수는 원치 않는 결혼을 하게 되었지만, 결혼 후에도 하운두의 집착은 여전했으며, 결국 하운두의 아기를 갖게 되었다는 충격적인 사건의 내막이 4부 22화에서부터 밝혀진다.

〈위대한 캣츠비〉는 중심 플롯이 자칫 늘어질 수 있을 때마다 보조 플롯이 2부, 3부, 4부에서 하나씩 도발적인 사건을 일으키며 흥미롭고 풍부한 내러티브를 구사하고 있다. 영화에서 보조 플롯이 중심 플롯의 주제 의식을 같지만 다르게, 이왕이면 독특한 방식으로 표현한다면 영화의 주제가 변주되면서 더 강화되는 것처럼[43], 〈위대한 캣츠비〉의 보조 플롯도 그러한 역할을 하고 있다. 캣츠비에 대한 페르수의 이기적인 사랑, 캣츠비에 대한 선의 무조건적인 사랑, 하운두와 캣츠비의 우정, 페르수에 대한 하운두의 집착적인 사랑, 몽 부부의 스릴을 즐기기 위한 위험한 사랑, 페르수와 부르독의 물질적 사랑과 용서 등 각기 다른 이야기를 통해 사랑에 대한 다양한 변주를 만들어냄으로써 〈위대한 캣츠비〉를 더욱 풍부하게 하는 것이다.

이러한 플롯 구성을 바탕으로 〈위대한 캣츠비〉의 서사적 층위를 살펴볼 수 있다. 〈위대한 캣츠비〉의 서사적 층위는 3중 구조로 나타나는데, 그것은 현실적 층위, 위선적 층위, 몽환적·환치적 층위이다. 〈위대한 캣츠비〉에는 등장인물들 간의 관계가 삼각형의 구조로 반복되어 일어난다.

현실적 층위는 눈에 보이는 일상적인 현실 관계를 일컫는다. 이 층위에는 캣츠비와 선, 캣츠비와 페르수, 선과 페르수가 형성한 삼각 구조가 있다. 여기에는 캣츠비와 선, 캣츠비와 페르수가 각각 둘만의 관계를 통해 서로의 존재감을 확인하려는 욕망이 담겨 있다. 주체가 형성되는 과정은 상상계와 상징계로 구분해볼 수 있다. 우선 주체가 제일 먼저 형성되는 상상계는 이중관계에 의해서 이루어진다. 이중관계는 주체가 거울에 비친 모습을 통해 자신의 '자기'를 발견하지만, 이러한 인식은 자기 바깥의 모습을 통해 얻은 것이기 때문에 소외될 수 있다.[44] 캣츠비는 페르수와의 이중관계를 통해 자신의 주체성을 확인하려 했지만 일방적인 이별을 통한 소외를 경험했다. 이후 캣츠비는 선과 새로운 관계를 형성하는데, 이 관계에서도 그는 소외를 당하지 않으려는 모습을 보인다.

2부 7화에서 보면 캣츠비는 선에게 '사랑을 버리지 않아도 살 수 있을 것' 같다는 말로 더 이상의 상처를 받길 원하지 않는다. 또한 3부 13화에서 캣츠비는 선을 '나의 여신'으로, 3부 14화에서는 '과거를 미래로 바꿔준 여자', '내 곁에 있어 줄 여자'로 생각하고 있다. 이는 자기 자신에 대한 존재감을 타인을 통해 느끼고 싶어하는 캣츠비의 모습이다. 선과 페르수는 캣츠비의 현재 애인과 옛 애인의 관계이다. 선과 페르수는 캣츠비를 사이에 두고 묘한 신경전을 벌이는 전형적인 멜로 스토리라인을 구사한다. 특히 임신한 페르수가 남편의 아이가 아니라는 사실은 선에게 캣츠비와 헤어지는 결정적 이유가 된다. 그러나 이러한 현실적 층위는 눈에 보이는 현상이 꼭 진실은 아니라는 위선적 층위에 의해 붕괴되게 된다.

위선적 층위는 〈위대한 캣츠비〉에서 두 가지 반복된 패턴으로 나타난다. 하나는 캣츠비와 그를 속이고 있었던 하운두, 페르수의 관계이고, 다른

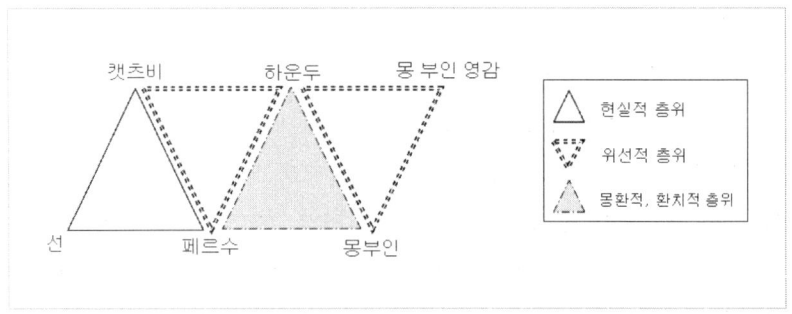

그림 4.6 〈위대한 캣츠비〉의 서사적 층위

하나는 몽 부인 영감의 제안을 있는 그대로 받아들이며 생활했던 하운두와 그를 속이고 있었던 몽 부인, 몽 부인 영감의 관계이다. 위선적 층위는 현실적 층위에 있던 캣츠비에게 그가 보지 못했던 새로운 진실을 알게 해주는 역할을 한다. 하운두 역시 그가 알지 못했던 새로운 사실 앞에 내던져지는 충격적인 경험을 하게 된다. 캣츠비는 하운두에게 속임을 당하고, 하운두는 몽 부인 영감에게 속임을 당하는 구조가 반복적으로 일어나고 있는 것이다.

위선적 층위는 라캉의 상징계와 유사하다. 상징계는 이중관계에서 벗어나 아이를 독립된 개체로 만들어 주는 삼각형 구조를 확립하여, 아이에게 자아가 확실하게 존재할 수 있도록 만들어 준다.[45] 자신과 페르수가 헤어진 것이 페르수의 의지도, 부르독의 욕심도 아닌 친구 하운두의 집착 때문이었다는 사실은 캣츠비를 분노하게 하였다. 그동안 캣츠비는 진실을 보지 못하는 시선을 가지고 있었기에 페르수에게 냉담하고 모멸찰 수 있었다. 하운두, 페르수와 자신과의 관계에서 자신만이 소외되었고 속았다는 것을 깨달은 캣츠비는 한 번도 드러내지 않은 공격적인 행동을 드러낸다.[46] 4부 23화와 24화에서 캣츠비는 하운두를 죽이고 싶어 하는 타인에 대한 강한 부정을 드러내면서 자신의 욕망을 가진 주체로 존재하게 되는 것이다.

위선적 층위에서 캣츠비를 기만한 하운두 역시 캣츠비와 같은 위치에 놓이게 된다. 늘 캣츠비보다 한 수 위로 보이던 하운두 역시 몽 부인과 몽 부인 영감의 삼각 구조 속에서 캣츠비와 같은 소외를 겪게 된다. 하운두는 몽 부인 영감의 제안으로 몽 부인을 유혹하려 했지만, 점차 빠져드는 몽 부인에게서 헤쳐 나오지 못하게 된다. 결국 몽 부부의 게임 속에서 자신이 사랑한 몽 부인의 실체가 허상이었다는 것을 깨달은 하운두는 자살이란 극단적 처방으로 자아에 대해 부정하게 되는 것이다.

몽환적·환치적 층위는 〈위대한 캣츠비〉가 만화라는 장르적 특성을 적극 활용하여 만들어 낸 구조이다. 만화는 상상력이 120% 발현될 수 있는 곳이기 때문에 초현실적인 서사구조가 가능하다. 4부 22화 '인질의 시간'에서 밝혀지는 하운두의 고백을 듣다보면 과연 하운두가 사랑한 몽 부인이 실제로 존재하는 인물인 것인가, 몽 부부의 이야기가 정말 있었던 이야기인가에 대한 혼란이 가중된다. 하운두와 몽 부인의 관계는 자연스레 하운두와 페르수의 관계로 환치되면서 몽夢 부부에 대한 이야기는 몽환적인 상태로 남게 되기 때문이다. 〈그림 4.6〉에서 보면 몽환적·환치적 층위의 삼각 구조에서 몽 부인과 페르수가 동일선상에 놓여 있다. 하운두는 페르수에 대한 일종의 고착[47])에서 벗어나지 못했기 때문에 하운두에게 욕망은 존재하지 않았으며 삶을 지속시켜 나갈 의미가 없었던 것으로 보인다.[48]) 몽 부인이 곧 페르수였던 하운두는 페르수에게 고착되어 자살을 택한 것이고, 캣츠비는 페르수에게서 벗어나서 또 다른 욕망의 동인인 선을 찾았기에 삶을 반복적으로 유지시켜 나갈 수 있었던 것이다. 몽환적·환치적 층위는 〈위대한 캣츠비〉의 결말에 극적인 반전을 가져왔고, 끝까지 긴장감을 유지시켜 주는 서사적 층위로 작용하고 있다.

이렇게 〈위대한 캣츠비〉는 한 개의 중심 플롯과 세 개의 보조 플롯이 변주를 일으키며 이야기를 풍성하게 이끌어 나가고 있고, 여기에 현실적, 위선적, 몽환적·환치적 층위가 유기적으로 결합되면서 극적 긴장감을 유지시키는 서사적 층위를 가지고 있다는 사실을 알 수 있다.

■ 바라봄과 보여짐의 충돌을 통한 관계 맺기

〈위대한 캣츠비〉는 타인과의 관계 속에서 바라보는 시선만으로 상처를 주고받던 등장인물들이 보여짐의 시선을 깨닫게 되면서 한 걸음 성숙해지는 성장의 과정을 담아 내는 스토리텔링을 구사하고 있다.

〈위대한 캣츠비〉의 인물들은 인간의 모습이 아닌 동물의 모습으로 등장한다. 캣츠비와 페르수, 선은 고양이로, 부르독과 하운두는 개로, 몽 부부는 곰의 형상을 하고 인간을 대변한다. 같은 고양이이면서도 페르수와 선은 정반대의 성격을 가지고 있다. 3부 18화 '앙꼬 없는 빵' 편에서 선은 겉으로 보이는 그대로의 맛인 편의점 빵을 좋아한다. 속이 들어 있지 않아 겉으로 맛을 예측할 수 있는 빵을 좋아하는 선은 그녀의 눈에 보이는 캣츠비의 모습 그대로를 사랑하는 성격의 소유자이다. 이에 반해 페르수는 고급 빵집에서 속이 서로 다른 고로케 두 개를 집어 든다. 같은 고로케이면서도 어떤 내용물이 들었는지 알지 못하는 빵을 좋아하는 것이다. 캣츠비에게 페르수는 속을 알 수 없는 사랑하는 여자인 것처럼 말이다. 하운두 역시 마찬가지이다. 3부 15화 '빈티리의 행복'에서 하운두는 "순대는, 비슷하지만 전혀 다른 김밥에 호감이 있을 거야... 서로 다른 속을 가진 튀김들도 마찬가지... 서로의 앙꼬가 궁금해 미치겠지. 내 눈엔... 그게 보여"라고 말한다. 반면 캣츠비는 입사 면접시험에서 돈이 필요하니 일을 시켜달라고 정정당당하게 말하는 속이 그대로 보이는 빵과 같은 인물인 것이다.

페르수와 하운두는 백조처럼 우아하고 도도한 모습을 하고 있지만, 실제로 속은 오리인 존재로, 마치 속이 다른 빵과 튀김 같은 존재로 형상화된다. 반면 캣츠비는 누구나 오리인 줄 알지만 실은 백조가 되기 위한 과정을 겪고 있는 존재로, 마치 애벌레에서 허물을 벗고 나비가 되는 존재로 형상화된다. 그리고 그러한 고통의 과정을 있는 그대로 옆에서 지켜봐 주고 있는 존재, 선이 있다.

캣츠비와 선은 타인들이 자신들을 바라보는 'C급'의 시선을 인식하고 있다. 서로를 바라보고 있으면서도 서로가 바라봄을 당하는 존재라는 사실을 인식하고 있는 캣츠비와 선과는 달리, 페르수와 하운두는 바라보는 시선만을 인식하고 있을 뿐 타인에 의해 자신이 바라봄을 당하는 시선은 인식하지 못한다.

그러나 페르수는 결혼 후 캣츠비를 찾아가 사랑해 달라고 요구했지만, 캣츠비가 "내 눈엔 니가 괴물로 보여"2부 9화 '친구라는 호칭'라고 말하는 순간부터 캣츠비의 눈에 괴물로 비치는 자신의 모습을 알게 된다. 즉 페르수는 바라봄을 당하는 시선을 인식하게 된 것이다. 지금껏 캣츠비의 시선을 인식하지 못했던 페르수는 그 이후 캣츠비의 시선을 피해 그의 그림자가 되어 늘 뒤를 쫓는 존재가 된다.

캣츠비와 선이 이상적이고 낙관적인 결말을 맺는 관계로 지속될 수 있었음에도 불구하고 이별을 맞이하게 된 이유는 페르수가 캣츠비의 그림자가 된 이후 캣츠비는 더 이상 선을 바라보지 않았다는 데 있다.

> 페르수를 끄집어 내 담판을 짓기보단, / 선의 시선에서 페르수의 존재를 감추는 데에만 신경을 썼어. / 그럴수록 더 지독하게 달라붙고 대담해지는 페르수... / 언제부턴가 선을 만나도 선이 보이지 않았어. / 페르수의 조용한 뒤쫓음에 귀를 기울이고 / 모퉁이와 그늘진 곳의 구멍난 시선을 의식하느라 / 선을 보지 못했어.
> 4부 16화 '폭설'

떨어내려 해도 떨어지지 않는 그림자가 된 페르수만을 바라보게 된 캣츠비는 그만을 바라보고 있는 선을 보지 못하고, 그 뒤에 숨어 있는 페르수를 바라보고 있었던 것이다. 자신은 캣츠비를 바라보지만 캣츠비는 자신을 바라보지 않는다는 사실을 알게 된 선은 '벽을 사랑한 남자' 이야기를 남기고 캣츠비의 곁을 떠나게 되는 것이다. '벽을 사랑한 남자'는 자신을 바라보지 않는 캣츠비를 사랑하는 선 자신을 지칭하기도 하고, 그림자가 된 실체 없는 페르수를 바라보고 있는 캣츠비를 지칭하기도 한다.

그러나 누구보다 바라봄과 보여짐의 충돌을 통해 충격을 받는 인물은 하운두라고 볼 수 있다. 연애도 사랑도, 타인과 관계 맺기도 늘 가볍게 여겼던 하운두에게 페르수는 예외적인 존재였다. 자신과 관계 맺기를 거부하는 페르수를 기필코 쓰러뜨리겠다는 하운두의 집착은 고착될 수밖에 없었다. 그 고착은 자신을 뚫어져라 바라보던 페르수의 시선을 인식하게 되면서 시작되었다.

> 왜 몰랐을까? / 페르수가 바라볼 나를 / 허우적대며 기를 쓰는, 나의 발악

을... / 지친 백조와 나의 고립을 / 백조의 본색을 / 끝까지 지켜보고 있었다 / 그 당시 난, 페르수가 무슨 생각을 하는지 읽어낼 수 없었어 / 그 표정은 그랬어 / 이미 페르수의 얼굴은 달라져 있었어 / 내가 백조로 위장한 오리였음을 뒤늦게 깨달았다는 얘기였어. **4부 18화 '오리와 백조'**

페르수 역시 자신처럼 타인과 관계 맺기를 가볍게 여길 것이라 생각했던 하운두는 예상치 못한 시선을 받게 되자 페르수에 대한 애증과 고착을 키워나가게 된 것이다. 이렇게 왜곡된 하운두의 관계 맺기는 몽 부부와의 관계를 통해 더 큰 시련을 겪는다. 몽 부인이 목욕하는 모습을 바라보는 하운두를 바라보던 몽 부인 영감**3부 7화 '주문의 마술'**, 비밀의 방에서 더 이상 다가갈 수 없는 벽을 실감한 하운두에게 키스를 하는 몽 부인**4부 7화 '비밀의 방'**, 게임이 끝난 후 사진첩을 꺼내 사진 속의 하운두 모습을 보여 주는 몽 부인 영감**4부 13화 '가면 속의 얼굴'**의 행동은 결국 하운두가 몽 부부의 관계 속에서 철저하게 대상화된 놀잇감에 불과했다는 사실을 깨닫게 해준다.

게임 속의 나. / 나. / 사진 속의 나. / 게임 속의 나. / 정말.. 나였나? / 내가... 나인가? / 나가... 나인가? / 나는... 원래 있나? / 원래... 있었나? / ... / ...
4부 7화 '가면 속의 얼굴'

이제 그 놀잇감이 된 자신을 게임판 위에서 바라볼 수 있게 된 하운두, 사진첩 속의 자신의 얼굴을 바라볼 수 있게 된 하운두는 비로소 페르수에 대한 집착을 버리고, 다시 운명과 같은 사랑을 하러 타인과 관계를 맺기 위해 떠난다.

이렇게 〈위대한 캣츠비〉는 볼 줄만 알았던 페르수와 하운두, 바라보고 보여짐을 알지만 서로 바라보는 대상이 어긋났던 캣츠비와 선이 바라봄과 보여짐의 과정을 통해 타인과 관계를 맺는 데 한층 성숙해진 성장의 모습을 담아 내고 있다. 〈위대한 캣츠비〉는 사랑을 시작하고 상처받는 젊은이들의 감수성을 포착하여 이들의 내적 욕망을 그려내고 극복해 나가는 과정을 표현함으로써 스토리텔링을 성공적으로 이끌어 내었다.

---

2. 에듀테인먼트의 스토리텔링[49]

(1) 에듀테인먼트의 개념과 특성

에듀테인먼트는 교육^{education}과 오락^{entertainment}의 합성어로, 교육적인 내용을 놀이의 기능을 지닌 매체를 통하여 배우는 행위를 말한다. 에듀테인먼트라는 용어를 처음으로 사용한 사람은 로버트 헤이만^{Robert} ^{Hayman}이다. 1973년에 그는 국립지리학회의 제작자로 일하는 동안 자신의 영화들을 에듀테인먼트라고 부르기 시작한 것이 용어가 탄생한 계기이다. 그가 제작한 영화들은 시청자들에게 서스펜스, 속도감, 설화 등의 오락적 요소와 함께 동시에 자연세계와 인류의 문화에 관하여 알려 주는 교육효과를 담아 내고 있다. 그래서 그는 교육을 의미하는 'edu-'와 놀이 또는 오락을 의미하는 '-tainment'를 한 단어인 에듀테인먼트로 합쳤다고 한다.[50] 또한 정보통신용어사전에 따르면 에듀테인먼트는 교육용 소프트웨어에 놀이를 가미하여 게임하듯이 즐기면서 학습하는 방법이나 프로그램이라고 정의하고 있다.[51] 일반적으로 멀티미디어 영상을 바탕으로 한 입체적인 대화형 오락을 통해 학습 효과를 노리는 소프트웨어를 가리키는 것이 에듀테인먼트인 것이다. 다시 말해 에듀테인먼트는 즐기면서 학습할 수 있는 소프트웨어와 웹

사이트를 통칭하는 개념으로 볼 수 있다.[52)]

　이러한 에듀테인먼트는 디지털 기술의 발전으로 이루어진 디지털 미디어를 기반으로 학습자의 놀이와 참여를 적극적으로 유도하면서 동시에 학습 능력을 신장시키도록 고안되어 있어야 한다. 에듀테인먼트가 교육 현장이나 문화콘텐츠 산업으로 주목을 받기 전에도 재미있게 교육을 시키기 위한 노력은 있었다. 그것은 주로 오프라인 교육 현장에서 이루어졌는데, 교육자들이 학습자의 관심을 끌고 흥미를 유도하기 위해 시청각 자료를 이용한다거나, 혹은 독특한 강의 방법으로 이목을 집중시키는 것이었다. 그런데 온라인에서의 교육은 학습자가 혼자 학습을 이끌어 나가는 형태이기에 집중과 몰입을 유도할 수 있는 특별한 장치가 요구된다. 특히 학습 대상의 연령이 낮을수록 자기 주도의 학습이 어렵다는 점을 감안하여 이들을 컴퓨터 앞에 앉혀 놓을 수 있는 요소가 학습 교재에 요구되는 것이다.

　에듀테인먼트가 궁극적으로 추구하는 목표는 교육이다. 그러나 에듀테인먼트의 목적이 교육에 있다 하더라도 교육이 겉으로 드러나서는 안 된다. 에듀테인먼트가 궁극적으로 추구하는 이면적인 목적은 교육이지만, 에듀테인먼트가 표방하는 표면적인 목적은 오락이어야 한다. 다시 말해 에듀테인먼트는 매우 재미있고 매혹적이며 흥미로 가득 차 있어야 한다. 학습자의 필요에 의해 지식을 배우는 자기 주도형 학습이 즐겁고 재미있도록 만들어 주는 것, 그것이 바로 에듀테인먼트의 역할이다.

　에듀테인먼트의 등장은 교육 환경의 변화와 맞물려 있다. 고전적인 교육은 검증된 객관적인 지식만을 인정하고 이해시키는 데 주력해 왔다. 고전적인 교육 환경은 과학적 탐구 방법에 의해 객관적으로 언어진 지식을 학습자에게 전달하고 습득하도록 조성되었다. 그러나 이러한 교육 환경은 디지털 미디어의 발전으로 인해 엄청나게 많아진 지식정보를 모두 다 전달하고 습득하기에는 적합하지 않다. 이제는 학습자의 요구에 의해 개개인에 맞는 맞춤형 지식 전달이 필요한 시기가 된 것이다. 이러한 환경의 변화에 맞춰 나타난 교육 이론은 구성주의 교육 이론이었다. 지식은 개인이 가지고 있는 경험에 의해 의미를 창출함으로써 형성된다는 견해가 핵심이다. 이 이론에 따르면, 학습은 학생들의 머릿속에 이미 형성된 개념과 새로 배우게 될 개념과의 상호작용에 의해 이루어진다고 여겨진다. 학습은 학습자 스스로가 의미를 구성하는 능동적 과정이라는 것이다.[53] 이러한 구성주의 교육 이론은 통합적인 사고력을 통해 깊이 있는 지식을 습득할 수 있도록 만들어 주었다.

미디어의 발달과 교육 환경의 변화로 성장한 에듀테인먼트의 특성은 백영균의 견해를 정리하여 서술하고자 한다. 그는 에듀테인먼트의 특성을 경제재로서의 특성과 상호작용성 특성으로 구분하여 제시하고 있다.[54] 경제재로서의 특성을 몇 가지로 구분하면, 여기에는 여러 속성들이 내재되어 있는 융합제품으로 에듀테인먼트를 이해한다. 다시 말해 애니메이션, 음악, 캐릭터, 만화 등 문화콘텐츠 영역뿐만 아니라 디자인, 프로그래밍, 광고, 인지과학, 교육공학 등 넓은 범위의 영역이 상호작용하고 융합되는 컨버전스 제품의 전형이라는 것이다. 그렇기 때문에 관련된 영역에 속하는 콘텐츠들과 경쟁관계에 놓일 수 있다. 뿐만 아니라 생산을 위해서는 관련 영역의 기술을 갖고 있는 전문가들의 제작 참여가 필수적이다. 경험재화experience good의 측면에서 보면, 콘텐츠는 소비자가 소비하기 이전까지는 품질과 특성을 파악하기 어려운 경험재화라고 볼 수 있다. 그러므로 시장규모의 확대를 위해서는 소비자들에게 제품의 정보를 제공해 주는 것이 중요하다. 나아가 클럽재화club goods로도 인정할 수 있다. 소비 창구가 온라인화 되어감에 따라 가입자들끼리 정보를 교환하고 커뮤니티를 형성한다. 그러므로 점차 클럽재화의 특성을 갖게 될 것이다. 클럽재화로서의 특성이 가미됨에 따라 허브와 포탈의 중요성의 배가되며, 네트워킹과 커뮤니티 형성의 중요성이 증가한다. 이러한 이유로 에듀테인먼트가 다른 콘텐츠에 비해 상호보완성과 서열적 특성을 갖는 재화로 취급될 수 있다. 즉 사용의 수준적 측면에서 서열이 존재하며, 각기 다른 에듀테인먼트 간 학습효과적인 측면에서 상호보완적인 요소를 지닌다. 또한 지식의 본질적인 성격 때문에 각기 다른 에듀테인먼트 제품들끼리 학습효과적인 측면에서 보완성을 가지며, 산업 차원에서의 협조 시스템 구축이 용이한 것으로 평가할 수 있다.

다음은 에듀테인먼트의 상호작용적 특성이다. 이 특성은 에듀테인먼트의 내적 특징을 가장 강하게 규정하는 개념이다. 책이나 음반, 애니메이션, 영화 등의 여타 문화 매체를 통해 제공되는 콘텐츠는 사용자에 대해 일방향적으로만 작용하는 것이다. 이에 반해 에듀테인먼트는 사용자의 조작에 의한 진행을 요구한다. 따라서 강한 상호작용성에 대한 프로덕트 전략이 필요하다. 사용자의 조작 과정이 콘텐츠를 이용하는 과정이라는 측면에서 일차적인 상호작용이 제기되며, 사용자의 조작에 따른 다양한 응답과 상황 변화, 난이도 조절 등을 통해 동기 유발 구조를 구현한다는 측면에서 이차적이지만 핵심적인 상호작용성이 제기된다. 상호작용성은 교사가 없이도 사용자가 스스로 콘텐츠를 이용하고 학습적 성취를 이룰 수 있도록 해주는 에듀테인먼트의 핵심 요소이다. 이와 같은 상호작용성은 인터넷 등의 네트워크상에서 더욱 강하게 발휘될 수 있는 특성을 지닌다. 따라서 에듀테인먼트 프로덕트 전략에는 소비자로서의 학습자들의 향유 의식을 염두에 두어야 한다.

(2) 에듀테인먼트 산업의 현황

우리나라 에듀테인먼트 산업은 1990년대 초반 개인용 컴퓨터가 대중화되면서 시작되었다. 이 시기는 주로 미국의 에듀테인먼트 콘텐츠를 수입하여 보급시켰던 시기이지만, 한편으로는 '한글 놀이', '세모와 네모' 등의 우리나라 에듀테인먼트가 제작되기 시작한 시기이기도 하다. 1990년대 중반에 들어서면서 많은 회사들이 에듀테인먼트를 제작하기 위해 시장에 뛰어들었으나 1990년대 후반 IMF와 함께 에듀테인먼트 시장은 침체되었다. 그러다 2000년대 초반 인터넷이 광범위하게 보급되면서 온라인 포털사이트를 중심으로 에듀테인먼트 시장이 다시 활기를 띠게 되었다.[55] 또한 2007년에 들어서면서 인터넷 기반의 에듀테인먼트뿐만 아니라 휴대용 게임기기를 통한 에듀테인먼트 개발이 점차 활성화되고 있다.[56]

『2008 문화산업 통계』에 따르면 2007년 에듀테인먼트 총 매출액은 약 1,558억 원으로 2006년에 비해 약 32.1% 증가했다.[57] 이러한 증가는 에듀테인먼트 온라인 서비스의 활성화에 기인한 것으로 볼 수 있는데, 현재는 유·아동을 중심으로 한 온라인 에듀테인먼트가 확장되는 모습을 보이고 있다. 또한 2006년 만화 시장에서 학습 만화의 비중은 67.1%로[58], 우리나라의 경우 학습 및 교양 만화가 에듀테인먼트의 주요 부분을 차지하고 있음을 알 수 있다. 오프라인 에듀테인먼트는 학습 자료에 스토리텔링을 적용하여 게임, 만화 등의 매체에 익숙한 학습자에게 정보의 습득을 강요하지 않고 흥미를 줄 수 있는 학습 자료를 제공하는 데 성공하였다. 이렇듯 에듀테인먼트는 교육적 가치와 오락적 재미를 동시에 추구하는 영역으로, 출판, 게임, 애니메이션, 만화, 캐릭터 등 다양한 영역의 콘텐츠를 포괄하기 때문에 잠재적 시장성이 매우 높게 평가된다.

에듀테인먼트 산업을 백영균은 크게 교육용 콘텐츠를 중심으로 하는 유아 및 아동 영역의 완구, 학생 및 성인 영역의 이러닝, 이 두 부류에 모두 걸친 에듀 게임의 셋으로 나눈다.[59] 교육용 콘텐츠는 최근의 시장 흐름과 맞물려 가장 급상승하고 있는 분야이다. 이러닝 분야도 세계의 시장의 연평균 69%에 육박하는 고성장 산업에 속한다. 또한 최근 새롭게 등장한 에듀 게임 분야는 이미 미국에서 대규모의 시장을 형성한 분야로 새롭게 주목을 받고 있는 콘텐츠이다. 이와 달리 김영순·백승국은 텍스트 장르적 속성에 따른 에듀테인먼트 산업을 분류하고 있다. 그는 에듀테인먼트가 학습자에게 어떤 텍스트 속성으로 접근하느냐를 기준으로 학습게임 영역, 창작 도우미 영역, 애니메이션 동화책 영역, 멀티미디어 도감 영역의 콘텐츠로 나눈다.[60] 학습게임 영역의 에듀테인먼트는 사용자가 콘텐츠의 소프트웨어적 조작을 진행하는 과정에서 시행착오를 통해 교육적 원리와 개념, 지식 등을 획득하도록 고안된 게임 형식의 콘텐츠를 말한다. 학습게임 영역의 콘텐츠는 에듀테인먼트에서 가장 큰 비중을 차지한다. 창작 도우미 영역의 콘텐츠는 멀티미디어 저작 소프트웨어적 기능과 원시 자료를 제공함으로써 사용자가 쉽게 창작의 즐거움을 맛볼 수 있도록 고안된 콘텐츠이다. 애니메이션 동화책 영역의 콘텐츠는 동화책 혹은 창작 이야기 등을 소재로 음성과 애니메이션, 상호대화 보상과 게임 등을 동원해 멀티미디어적으로 구성한 이야기 중심의 콘텐츠를 말한다. 마지막으로 멀티미디어 도감 영역의 콘텐츠는 인문, 사회, 자연과학의 정리된 지식을 소리, 문자, 애니메이션, 동영상, 세밀화 등의 멀티미디어적 기법과 게임 기능을 결합시켜 전달한다. 그럼으로써 사용자의 지식 획득을 지원하는 콘텐츠를 말한다.

에듀테인먼트 산업은 교육적 가치와 오락적 재미를 동시에 추구하는 영역으로 출판, 게임, 애니메이션, 만화, 캐릭터 등의 다양한 영역의 콘텐츠를 포괄하기 때문에 잠재적 시장성이 매우 높게 평가된다. 또한 디지털 매체에 익숙한 세대들에게 에듀테인먼트는 그들의 변화된 학습 능력을 충족시켜줄 수 있으며, 자기 주도형 학습 능력에도 알맞은 콘텐츠로 주목받고 있다. 또한 에듀테인먼트는 그 자체가 문화 콘텐츠 간의 융합을 기반으로 하고 있기 때문에, 산학연 협력 체제는 물론 학제 간 연구와 분야별 전문가들의 긴밀한 유대 관계가 요구된다. 비록 현재 에듀테인먼트 산업이 미취학 아동이나 초등학교 저학년 학생들을 주 대상으로 삼고 있지만, 에듀테인먼트에 대한 꾸준한 수요와 분야별 수준 높은 교육에 대한 지속적인 요구가 향후 에듀테인먼트 산업의 잠재적 성장을 예견하게 한다.

(3) 에듀테인먼트의 감초, 스토리텔링

에듀테인먼트는 교육적 요소와 오락적 요소의 비중이 균형 있게 잡혀 있어야 한다. 교육적인 요소가 오락적 요소에 비해 가중치가 높으면,

이 콘텐츠는 학습자들에게 지루함을 주고 공부를 한다는 압박감에 자칫 효율성이 떨어질 수 있다. 반면 오락적인 요소가 교육적인 요소에 비해 가중치가 높으면, 이 콘텐츠는 에듀테인먼트의 궁극적 목적인 교육을 도외시하는 결과를 낳게 된다. 에듀테인먼트를 제작할 때 제일 고심해야 할 부분이 교육적 가치와 오락의 기능을 어떻게 하면 균등하게 만들어, 자기 주도의 학습을 재미있게 이끌어나갈 수 있는가 하는 문제이다. 즉 교육적 자료와 엔터테인먼트의 적당한 혼합을 찾아낸 에듀테인먼트가 성공할 수 있는 것이다.

그렇다면 에듀테인먼트에 오락적 요소를 가미하는 가장 효과적인 방법에는 무엇이 있을까? 에듀테인먼트의 오락적 요소를 고려하게 되었을 때 가장 우선적으로 고려해야 할 요소는 바로 스토리텔링이다. 스토리텔링은 학습자에게 정보의 습득을 강요하지 않으며, 흥미를 줄 수 있다는 점에서 부각되고 있다. 스토리를 통하면 복잡한 개념을 쉽게 전달할 수 있으며, 정보의 전달 역시 효과적일 수 있다는 장점이 있으며, 이를 통해 학습의 효과를 배가시킬 수 있기 때문이다. 스토리는 그 자체가 오락적 기능을 지니고 있기 때문에 학습이 강요가 아니라 유혹으로 다가오게 만들며, 학습자들은 흥미와 재미를 느끼면서 자연스럽게 정보를 습득하게 되는 효과를 누리게 된다.[61]

에듀테인먼트에서 스토리텔링은 학습이란 쓴 약을 달콤한 유혹으로 만들어 주는 감초의 역할을 하는 것이다. 특히 스토리텔링은 유아나 아동들을 대상으로 하는 에듀테인먼트의 경우 매우 효과적이다. 물론 스토리텔링 이외에도 교육적 목적을 고려하여 콘텐츠를 재미있게 만드는 방법은 있다. 예를 들어 유머를 넣는다든가, 매력적인 캐릭터를 만든다든가, 혹은 실재와 같은 허구적 공간을 창출해 내어 학습자를 유인하는 등의 방법이 그것이다. 또한 상호작용성이 강하게 작용하는 온라인 에듀테인먼트의 경우, 일정한 보상과 긍정적인 피드백은 학습자들에게 강한 유혹이 된다.

캐롤린 핸드류 밀러가 그의 저서 『디지털 미디어 스토리텔링』에서 소개하고 있는 미국에서 어린이용 에듀테인먼트 제품으로 크게 성공한 〈점프 스타트〉JumpStart를 살펴보면 에듀테인먼트에서 스토리텔링의 역할을 알 수 있다. 〈점프 스타트〉는 유니버설 비벤디Universal Vivendi 사의 계열사인 널러지 어드벤처Knowledge Adventure 사에 의해 개발된 에듀테인먼트 콘텐츠로, 미취학 아동과 학년별 아동들을 대상으로 3D 게임을 통한 교육을 목적으로 개발되었다. 〈점프 스타트〉는 어린이를 위한 많은 재미있는 요소를 포함하고 있는데, 실제 목적인 어린이가 학교를 다니는 데 필요한 곱셈과 철자와 같은 특별한 기술을 훈련시키는 것이다. 이 게임은 재미라는 요소를 첨가함으로써, 배우는 것이 아니라 놀이를 하는 것처럼 느끼게 했다. 〈점프 스타트〉의 선임 프로듀서인 다이애나 프레이Diana Pray에 따르면, 스토리는 게임 배경을 제공하는 중요한 구성 요소이고 의도된 결과로 게임을 움직이게 한다고 한다. 프레이는 스토리는 최종 목표에 도달하도록 어린이들을 격려하는 역할을 한다고 말한다. 또한 〈점프 스타트〉를 만들면서 충분한 스토리를 통해 어린이들이 게임 안에 있다고 느낄 수 있게 해야 하며, 스토리라인은 그들이 게임을 하게 만들고 보상을 얻을 수 있도록 자극해야 한다고 한다. 보상은 스토리에 묻혀 인식되지는 않지만 어린이들이 게임을 하고 싶은 욕구를 자극한다고 한다. 또한 어린이들은 방해받는 것을 싫어하기 때문에, 심도 깊은 줄거리는 아니더라도 지루하지 않을 정도의 효율적인 스토리를 만들어야 한다고 조언한다.[62]

그림 4.7 〈점프 스타트 월드〉

　〈점프 스타트〉처럼 스토리와 보상 시스템이 협력하여 작용하는
에듀테인먼트를 보면, 게임을 하고자 하는 동기는 스토리 속에서 발현
된다. 스토리는 어린이들에게 게임을 하도록 의욕을 주고 보상을 갖
도록 도와준다. 스토리텔링은 그 자체가 매우 흥미롭기 때문에 스토
리텔링을 접하는 사람들은 그 속에 빠져들어 가게 된다. 따라서 스토
리 라인을 가지고 있는 에듀테인먼트는 학습자의 흥미 유발을 통해
집중력을 향상시킬 수 있는 강점을 가지고 있다.

　이러한 스토리텔링은 그동안 과학이나 수학과 같은 지식 원리를
이야기로 쉽게 풀어내어 인기를 끌었던 출판물에서 많이 볼 수 있다.
일례로 청소년을 대상으로 과학 지식을 전달하기 위해 로빈슨 크루소
를 벤치 마킹한 『로빈슨 크루소 따라잡기』는 무인도에 떨어진 노빈손
이 무인도를 탈출하기 위해 좌충우돌 모험을 펼치는 이야기를 그려내

고 있다. 아무 것도 가진 것이 없다는 의미의 노빈손은 무인도에서 살아가며 탈출하기 위해 다양한 도구를 만들고 실험을 하는데, 독자들의 그의 활약을 재미있게 따라가게 된다. 그러면서 독자들은 무의식적으로 노빈손이 탈출하기 위해 활용하는 과학의 원리를 체감하게 되는 것이다. 이 책은 과학 정보를 스토리텔링으로 포장하여 겉으로 드러나지 않게 성공적으로 제공하고 있는 것이다. 다시 말해 이 책은 전체적인 흐름을 이끌어 나가는 스토리텔링이 존재하고 있다는 점에서 에듀테인먼트로서 성공할 수 있었던 것이다. 반면 과학을 주변의 에피소드식 이야기로 풀어낸 『과학콘서트』 같은 경우, 스토리텔링은 서사의 흐름을 가지고 있지 않다. 다만 짤막한 에피소드식의 이야기를 통해 독자들이 경험했던 기억을 끌어내어 공감대를 이루고 이를 통해 과학의 원리를 설명한다. 이는 주관적인 지식을 경험을 통해 선별하여 배우는 구성주의적 교육 환경에 부합하는 것이다.

한편, 5~6세의 유아들을 대상으로 제작된 5분짜리 수학 교육용 애니메이션 〈리아의 수학놀이〉 시리즈는 현재 그림책으로도 출간되어 인기를 끌고 있다. 이 에듀테인먼트는 주인공 리아가 엄마에게 수학을 배우고 친구들에게 가르쳐 주는 이야기를 담고 있다. 리아는 엄마에게 수학 개념을 배운 뒤에 놀이방에 있는 인형친구 쫑이와 뚱이에게 이를 가르쳐 주며 놀이를 하는 것이다. 〈리아의 수학놀이〉의 특징은 놀이를 통해 자연스럽게 수학의 개념을 익히게 했다는 점에 있다.

이렇듯 지식 원리를 이해하거나 정보를 습득하는 데 있어 스토리텔링은 주입적이거나 강압적인 학습이 아닌 능동적이고 체험적인 학습을 할 수 있게 한다. 이러한 능동적이고 체험적이면서 창의적인 학습은 학습 효율성을 신장시키고 학습자의 집중력을 더욱 배가시킨다.

스토리텔링이 있는 에듀테인먼트에 상호작용성이 더해진 온라인 에듀테인먼트의 경우가 그러하다. 상호작용성은 그동안 수동적이고 소극적이었던 학습자를 능동적이고 적극적으로 만들어 준다.

『마법천자문』은 초등학생들을 대상으로 한문 교육을 위해 개발된 책으로, 판매 1,000만 부를 돌파한 에듀테인먼트의 성공 사례로 손꼽힌다. 『마법천자문』은 한자를 익히기 위한 방법으로 단순히 한자를 쓰고 외우는 학습 방법을 피했다. 대신 한자의 의미가 만들어지는 과정에 서유기를 모태로 한 스토리텔링을 전개하고 그 위에 어린이들이 선호하는 마법을 활용함으로써 어린이들의 감성을 자극하여 엄청난 호응을 얻게 된 것이다. 상형문자인 한자의 속성을 적극 활용하여 스토리 라인을 구성하고, 여기에 걸맞은 한자를 배열하는 방법은 어린이들에게 재미와 흥미를 유발하였다. 여기에 한 권에 20자의 한자를 익히고 이를 20회씩 반복시키는 학습 훈련은 어린이들의 선천적인 욕구를 정확하게 반영한 것이다. 위에서 언급한 〈점프 스타트〉를 만든 다이애나 프레이는 어린이들은 많이 반복하는 것을 좋아한다고 말했다. 또한 그녀는 어린이들이 무언가 성취했을 때 얼굴에 나타난 자부심과 기쁨을 볼 수 있으며, 어린이들은 그것이 재미있다고 생각한다고 언급했다.[63] 특정한 양의 반복을 통해 기본적 기술을 연마하는 게임의 장르를 드릴 앤 킬drill & kill이라고 하는데, 이러한 형식이 어린이들에게는 학습의 효과를 가져 오는 것이다. 반면 드릴 앤 킬 장르의 게임은 어린이들에게 가르친다는 느낌은 주지 않기에 에듀테인먼트에 적합한 것이다.

또한 『마법천자문』은 한자대전 카드를 적극 활용하여 어린이들이 친구들과 카드를 통해 대결을 할 수 있는 통로를 마련했다. 한자대

그림 4.8 『마법천자문』의 한자대전 카드

전 카드는 『마법천자문』의 부록 형식이 아닌 필수적인 구성 요소로 만들어 적극적인 상호작용성을 추구했다. 이러한 기획체제는 책을 '읽던' 수동적 독자를 게임을 '하는' 능동적 독자로 변화시키는 것이다. 이제 『마법천자문』은 어린이들과 함께하는 체험적 에듀테인먼트로 변모하는 것이다.

스토리텔링과 상호작용성이 잘 어우러진 에듀테인먼트의 정수는 온라인 콘텐츠에서 찾아볼 수 있다. 우리나라 대표적인 온라인 에듀테인먼트 콘텐츠는 대형 포털사이트가 중심 역할을 한다. 네이버의 쥬니버, 다음의 키즈, 야후의 꾸러기 등이 대표적인 예인데, 이것들은 유아 및 초등학생들을 대상으로 다양한 에듀테인먼트 콘텐츠를 제공하고 있다. 그런데 이러한 사이트들은 어린이들의 국어, 영어 학습 능력을 신장시키는 낱말 맞추기, 맞춤법 게임, 혹은 동화 읽기 사이트 등의 '에듀edu-'와 오락만을 위한 게임의 '테인먼트-tainment'가 분리되어 운영되는 경향을 보인다. 이러한 현상은 대부분 무료로 운영되기 때문에 철저한 기획 단계와 사전 제작이 이루어지지 않아 완성도 높은 에듀테인먼트가 제작되지 못하는 것으로 보인다.

　반면, 작지만 경쟁력 있는 에듀테인먼트 회사 쿠토카^{Kutoca}는 다양한 분야의 전문가들이 모여 교육적 목표를 만들고, 이 목표 안에서 스토리텔링에 기반한 '미아^{Mia}' 시리즈를 제작하여 10년 째 이어가고 있다. 쿠토카의 다양한 에듀테인먼트 시리즈는 각각 드라마틱한 전제 위에서 제작된다. 예를 들어 〈미아 : 저스트 인 타임〉^{Mia : Just in Time}은 수학적 기술에 요점을 둔다. 게임은 미아가 살고 있는 예스러운 빅토리아 주택이 타오르는 불꽃으로 무너지는 것에서 시작된다. 만일 그녀가 오래된 타임머신을 용케 수리하여 작동시킬 수 있다면 누가 불을 붙였는지 알 수 있을 것이다. 곧, 미아는 그녀가 불을 꺼서 역전시킬 기회를 갖는다는 것을 알게 된다. 그러나 네 개의 중요한 부품은 없어지고 미아는 플레이어를 필요로 하고 학습자인 플레이어는 미아가 찾는 것을 돕는다. 탐험은 많은 수학 문제를 풀 것을 요구한다. 탐험은 플레이어를 깊은 지하에 있는 두더지굴과 도구로 채워진 발명가의 동굴 속으로 데려간다. 결국에 플레이어가 모든 부품을 찾게 되면 타임머신을 타고 비행할 것이라는 내용을 통해 어린이들은 수학을 배

그림 4.9 〈미아 : 저스트 인 타임〉

우게 되는 것이다.[64]

　이처럼 에듀테인먼트에 있어 스토리텔링은 학습자에게 흥미를 유발하고 학습을 재미로 느끼도록 유혹한다. 물론 모든 에듀테인먼트에 스토리텔링이 필수적인 것은 아니다. 단순히 단어를 조합하거나 숫자를 맞추는 게임도 훌륭한 에듀테인먼트가 될 수 있다. 그러나 강요에 의한 지식 정보의 습득이 아닌 자발적 자기 주도의 학습이 지속될 수 있게 만드는 원동력은 바로 스토리텔링에 있다고 할 수 있다. 에듀테인먼트가 오락을 기반으로 교육적 가치를 극대화할 수 있는 단초를 우리는 스토리텔링에서 찾아야 할 것이다.

◼ CASE STUDY 7.
에듀테인먼트 〈태극천자문〉의 스토리텔링 구조와 의미생성 경로[65]

▨ 〈태극천자문〉 등장

〈태극천자문〉은 한일 합작 TV 애니메이션으로, 한국의 KBS, 동서대학교, (주)아이코닉스 엔터테인먼트와 일본의 (주)도에이 애니메이션, (주)제이엠 애니메이션이 공동제작하였다. 우리나라에서는 2007년 4월 29일부터 2008년 1월 20일까지 KBS에서 방영하였고, 현재 케이블 TV에서 추가 편성하여 방영하고 있다. TV 애니메이션 〈태극천자문〉은 한 회당 방영 시간이 약 22분이며, 총 39화로 이루어져 있다. 한편 2007년 11월부터는 출판 만화 〈태극천자문〉도 출간되어 2009년 7월까지 총 16권이 나온 상태이다. 또한 〈태극천자문〉은 한자 카드 세트를 제작하여 꾸준히 판매하고 있는데, 현재까지 한 세트에 60장씩 6세트가 발매되어 있으며, 뮤지컬 〈태극천자문〉과 극장용 애니메이션 〈태극천자문〉이 제작 중에 있어 원소스 멀티유즈^{OSMU : One}

Source Multi Use가 활발하게 진행되고 있다.

〈태극천자문〉은 우리나라에 한자 학습 열풍을 몰고 온 〈마법천자문〉[66]을 철저하게 벤치마킹하여 탄생하였다. 그동안 우리나라 학습 만화 시장은 출판시장의 불황에도 불구하고 꾸준한 성장세를 지속해 왔다. 상형문자인 한자의 속성을 이용하여 서유기를 모태로 스토리텔링을 구축한 〈마법천자문〉은 한자를 단순 암기식의 학습이 아닌 스토리 속에서 자연스럽게 체득하게 만들었다는 점에서 우리나라 학습 만화 시장에 새로운 영역을 개척했다고 볼 수 있다. 〈태극천자문〉은 〈마법천자문〉의 성공 요소를 본보기로 삼고, 한자 학습이라는 동일한 목적을 가지고 OSMU를 활성화시킬 수 있는 방안을 모색하였다.

〈태극천자문〉은 중심 플랫폼을 학습 만화가 아닌 TV 애니메이션으로 삼았다. TV 애니메이션 〈태극천자문〉은 39화 방영이라는 제한된 시간 속에서 천자문을 모두 학습할 수 있도록 만든다는 것은 사실상 불가능하다. 그래서 〈태극천자문〉은 TV 애니메이션을 통해 학습자로 하여금 간접체험과 흥미를 유도한 뒤, 〈태극천자문〉 카드를 통해 조작감과 몰입감을 부여해 주는 상호작용성, 도전감과 경쟁심을 유발하는 학습자 간의 대결이 일어날 수 있도록 하여 한자를 학습하는 방안을 도입하였다.

■ TV 애니메이션 〈태극천자문〉의 스토리텔링

- 합습과 대립의 표출 층위

〈태극천자문〉의 표출 층위에서 일어나는 의미 주입은 서사의 구성, 내용, 하부 구조에 따라서 시간, 장소 같은 것들을 구성해 나가는 것으로, 텍스트로 되거나 영상으로 나타나는 것을 말한다. TV 애니메이션 〈태극천자문〉의 경우에는 이미지, 영상을 통해 나타나는 장소, 세계관과 캐릭터, 아이템 등을 지칭한다. 〈태극천자문〉의 공식 사이트에서 설명하고 있는 세계관은 다음과 같다.

> 하늘과 땅, 빛과 그림자, 남자와 여자... 먼 옛날, 천지만물은 서로 대립되는 두 개의 극에서부터 태어났다. 이 세상 역시 선계(仙界)와 인간계(人間界)라는 두 개의 세계가 서로 다른 차원에서 공존하고 있었다.
>
> 선계의 호족(虎族)과 용족(鏞族)은 우주의 질서를 유지하는 이치를 천 개의 글자에 담은 '태극천자문(太極千字文)'을 만들고, 이를 반씩 나누어 보관하며 평화롭게 선계를 다스려 왔다.
>
> 그러던 어느 날, 용족의 사악한 무리가 반란을 일으켰고, 반란으로 용황의 자리에 오른 '디가'는 세상을 정복할 힘을 갖기 위해, 호족이 가진 천자문을 노리고 호족을 습격해 왔다.
>
> 선계의 질서는 깨어지고, 위기에 몰린 호황은 자신들의 천자문이 디가의 손에 들어가는 것을 막기 위해, 스스로 천자문이 새겨진 마도비석을 파괴해 버린다. 결국 부서진 천자문은 차원의 벽을 넘어 인간계로 흩어지게 되고, 살아남은 호족들 역시 인간계로 탈출한다.
>
> 그 후, 인간계로 탈출한 호족의 생존자들은 디가의 야욕을 막기 위해 인간들과 동화되어 살며, 비밀리에 흩어진 천자문을 찾기 시작한다. 하지만, 전열을 재정비한 용족의 전사들이 흩어진 태극천자문을 찾기 위해 차원의 벽을 넘어 인간계에 침투함으로써 '태극천자문'의 비밀을 둘러 싼 호족과 용족의 또 다른 전쟁이 인간계를 무대로 펼쳐지게 된다.[67]

〈태극천자문〉의 세계관과 공간은 많은 부분에서 이항대립 관계를 보이고 있다. 〈태극천자문〉의 공간은 다른 차원에서 공존하는 선계와 인간계로 나뉘어 있다. 또한 선계는 천자문을 500개씩 나누어 가지고 있던 호족과 용족의 공간으로 나뉘어 있다. 그러나 〈태극천자문〉에서 보이는 이항 대립관계는 서로 배치되는 대립적 구조가 아니다. 〈태극천자문〉의 '태극'이 상징하고 있듯이 〈태극천자문〉에 나타나는 이항 대립관계는 음과 양의 어울림을 담은 태극이란 도형 속에서 서로 조화를 이루며 작용하는 역동적 대립관

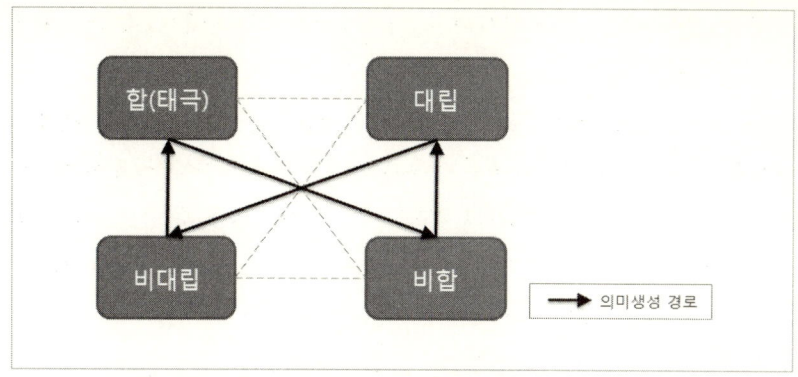

그림 4.10 〈태극천자문〉 표출 층위의 의미생성 경로

계성을 의미한다. 그런데 이러한 역동적 대립관계가 깨지면서 선계에는 대립적 구조 관계가 형성되고, 이러한 대립은 〈태극천자문〉의 표출 층위에서 호족과 용족의 대립으로 치닫게 된다.

〈태극천자문〉은 호족을 대표하는 전사 태극수호대라이, 세나, 또리, 핀, 돈하와 용족을 대표하는 전사 루카, 비샤스, 가르니아, 아브, 자하라의 대립으로 시작된다. 이들의 대립은 '합太極'의 모순관계에 해당하는 '비합'의 관계를 드러낸다. 태극수호대와 루카, 비샤스, 가르니아, 자하라의 용족전사들은 시간이 지나면서 서로를 이해하는 관계로 변하게 되어 배치적 대립 관계가 더 이상 성립하지 않게 된다. 그래서 용족 전사들을 대신하는 인조인간 전투부대 용황돌격대가 호족과 배치적 대립관계를 형성하는 존재로 등장하게 된다. 용황돌격대의 등장은 표출 층위의 의미생성 경로가 '비합'에서 '대립'으로 진행되는 것을 의미한다. 날 生 천자문에 의해 만들어진 인조인간 전투부대 용황돌격대는 태극수호대와 치열한 전투를 벌이게 되지만 결국 태극수호대에 의해 무너지게 된다. 용황돌격대의 공격이 실패할 즈음에 용황 디가가 전면에 나서면서 〈태극천자문〉의 표출 층위는 '대립'에서 '비대립'의 경로로 진행된다. 용황 디가가 자신의 욕망대로 선계를 지배하기 위해 호족은 물론 용족까지 공격하게 되자 용족은 호족과 함께 용황에 맞서는 '비대립'의 관계로 변하게 되는 것이다.

또한 〈태극천자문〉의 표출 층위에서 등장하는 호족과 용족의 천자문 카드와 천자기, 천자경은 호족과 용족이 서로 공격하고 방어할 때 사용하는 일종의 무기 아이템으로, 각각의 캐릭터는 자신이 사용할 수 있는 천자력을 보유하고 있다. 호족이 가지고 있는 천자력을 용족이 가지고 있는 반대 천자력으로 막기도 하고, 천자력의 능력에 따라 사용할 수 있는 천자문 카드의 범위와 에너지는 달라지게 된다. 호족과 용족이 구사하는 천자문 카드는 서로 반대되는 카드끼리 대립하고, 같은 팀끼리 천자문 카드가 결합하기도 하는 등 다양한 변주를 통해 '합과 대립'의 이항대립항을 설정하고 있다. 이렇듯 〈태극천자문〉에서 보이는 세계관과 캐릭터, 무기 및 아이템은 〈태극천자문〉의 표출 층위를 형성하고 있다.

― 평화와 전쟁의 표층 층위

표층 층위에서의 의미 주입은 텍스트의 내용을 채울 낱말들, 이미지들, 은유들, 경구들, 인용들 등의 소위 구상체들을 어떤 기호론적 문법에 맞게 선택하고, 그 문법에 따라 배열할 준비를 하는 것이다.[68] TV 애니메이션 〈태극천자문〉의 표층 층위는 서사 흐름과 플롯의 설정, 긴장감을 유지하기 위한 반전 장치 등등의 총체적 서사구조라고 볼 수 있다.

〈태극천자문〉의 주인공은 태극수호대의 구성원 라이, 세나, 또리, 핀, 돈하이다. 이들 주인공은 제각각 마음속에 아픈 기억을 가지고 있다. 라이는 용족 루카에 의해 죽은 엄마에 대한 기억이, 엘리트 가문 출생의 세나는 언니들에 대한 열등감이, 수다쟁이 익살꾼 또리는 부모가 없는 것에 대한 외로움이, 핀은 원래 자신이 인조인간이라는 비밀이 있다. 주인공들의 이러한 내적 상처는 시청자의 공감을 이끌어내어 보다 쉽게 TV 애니메이션에 몰입할 수 있도록 만든다. 그리고 그들의 내적 상처에 대한 치유는 TV 애

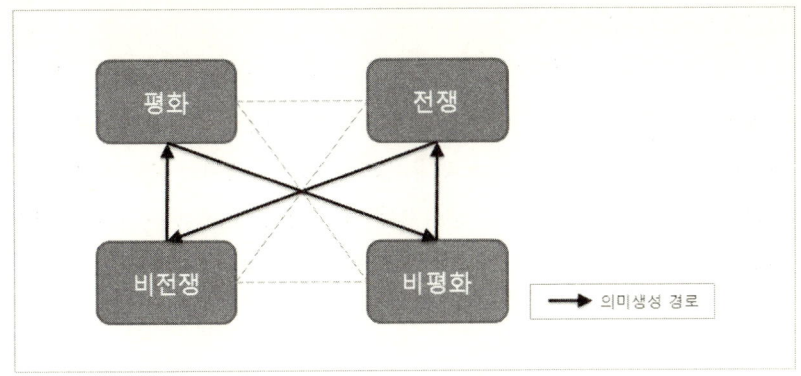

그림 4.11 〈태극천자문〉 표층 층위의 의미생성 경로

니메이션 극 전반에 걸쳐 이루어진다.

또한 〈태극천자문〉에는 극의 전반에 걸쳐 호기심을 유발하는 세 가지의 반전 장치가 마련되어 있다. 그것은 태극수호대 대장 라이의 출생 비밀, 호랑가면의 정체, 용족 대장 게르바의 실체이다. 라이가 용족의 공주 엄마와 호족의 아빠 사이에서 태어났다는 출생 비밀에 대한 이야기는 〈태극천자문〉의 전반부에 걸쳐 진행된다. 또한 태극수호대나 용족 전사가 위험에 처할 때마다 나타나 구해 주는 호랑가면의 정체가 라이의 엄마, 용족의 아우라 공주였다는 사실은 극의 중후반부에 등장한다. 마지막으로 용족을 진두지휘하며 호족을 무찌르려 한 게르바가 라이의 아빠이며 용족 아우라 공주의 남편인 호족 종족이었다는 사실은 〈태극천자문〉의 후반부에서 밝혀진다. 이러한 반전 장치는 자칫하면 단조로울 수 있는 어린이용 TV 애니메이션의 서사를 한층 풍요롭게 만들어 준다.

〈태극천자문〉의 기본 서사 구조는 호족과 용족의 평화가 깨지면서 인간계로 흩어진 천자문을 찾기 위한 두 종족 간의 전쟁 이야기이다. 다시 말해 천자문을 찾아 호족과 용족의 역동적 대립 관계를 유지하려는 호족과 호족의 천자문을 빼앗아 선계를 모두 지배하려는 용족의 대립이 〈태극천자문〉의 기본 골격인 것이다.

〈태극천자문〉은 평화로웠던 선계에서 호족과 용족이 서로를 미워하는 '비평화'의 의미생성 경로를 거쳐, 선계의 평화를 되찾기 위한 호족과 선계의 지배력을 얻기 위한 용족의 대립으로 치달으며 '전쟁'을 일으키게 된다. 이러한 전쟁은 호족과 용족이 함께 힘을 합쳐 용황 디가에 대항하는 '비전쟁'의 경로를 거쳐, 결국에는 '평화'를 다시 찾게 되는 표층 층위의 스토리텔링을 구성한다.

─ 학습과 오락의 심층 층위

심층 층위는 이야기의 씨를 배태한 곳이며 신화와 담론의 모태로 초이론 super theory이나 초담체super story가 일어나는 곳이다.[69] 에듀테인먼트의 경우 심층 층위는 '학습과 오락'이라는 이항 대립쌍이 이미 존재한다. 그렇기에 에듀테인먼트는 '학습과 오락'이라는 반대되는 이항 대립쌍의 의미생성을 효과적으로 이루어 내어야 에듀테인먼트로서 기능할 수 있는 것이다. 특히 '학습'은 에듀테인먼트의 궁극적 목적이면서도 겉으로 드러나지 않아야 하며 오락적 요소 안에 녹아 있어야 한다. 〈태극천자문〉의 오락적 요소는 표출 층위와 표층 층위에서 살펴본 바와 같이 '평화와 전쟁', '합태극과 대립'에 대한 이야기, 스토리텔링이다. 〈태극천자문〉의 심층 층위의 의미생성 경로를 살펴보면 이러한 스토리텔링 안에 한자 학습이라는 궁극적 목적이 내재되어 있는 것을 알 수 있다.

〈태극천자문〉의 심층 층위는 표출 층위, 표층 층위와 동일한 의미생성 경로를 가지고 있다. '학습'에서 출발하지만 곧 스토리텔링에 몰입된 시청자들은 '비학습'의 경로를 거쳐 '오락'을 즐기는 상태에 이르게 되고, 시청 후 '비오락'의 경로를 거쳐 '학습'이 이루어지는 순환의 구조를 갖고 있는 것이다. 〈태극천자문〉의 심층 층위의 선순환 구조가 가능하게 되는 것은 '학습'과 '오락'의 축을 담당하는 표출 층위와 표층 층위의 잘 만들어진 스토리텔

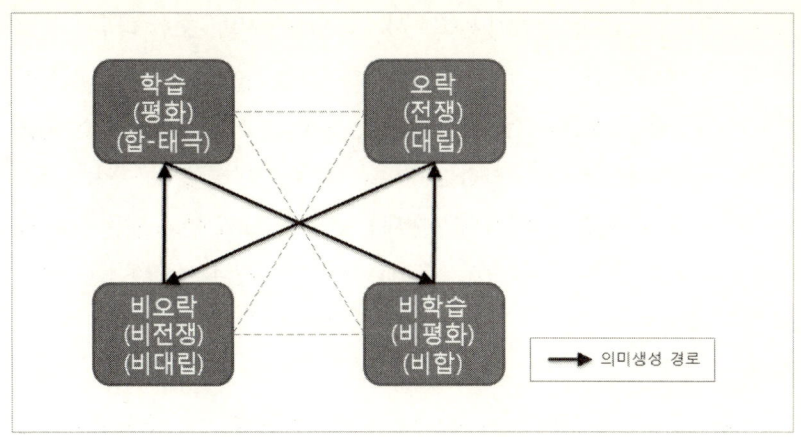

그림 4.12 〈태극천자문〉심층 층위의 의미생성 경로

링이 있기 때문이다. 특히 학습의 뼈대가 겉으로 생경하게 드러나지 않도록
두 종족 간의 전쟁과 평화 이야기를 다루는 표층 층위의 의미생성 경로는
〈태극천자문〉의 엔터테인먼트 기능을 강화시키고 있다. 그리고 호족과 용
족의 대립과 합含을 다루는 표출 층위의 의미생성 경로는 그 대립과 합含의
수단이 각 종족이 보유한 천자문 카드이기 때문에 한자 카드 대결을 통해
〈태극천자문〉의 에듀케이션 기능을 수행하는 것이다.

다시 말해 〈태극천자문〉은 학습 기능의 표출 층위와 오락 기능의 표층
층위의 조화를 통해 학습과 오락의 심층 층위가 선순환 경로를 형성함으로
써 에듀테인먼트로서의 역할을 성공적으로 해내고 있다.

■ 카드 게임 〈태극천자문〉의 스토리텔링

앞서 〈태극천자문〉의 스토리텔링을 분석하여 〈태극천자문〉이 에듀테인먼
트로서의 역할을 성공적으로 이끌어 내었다는 사실을 살펴보았다. 그러나
TV 애니메이션으로 제작된 〈태극천자문〉이 한 회에 담아낼 수 있는 한자
는 한정되어 있고, 39화에서 전체 서사가 끝을 맺어야 하기 때문에 1,000자

의 한자를 연속적으로 노출시키기는 사실상 불가능하다. 또한 너무나 다양한 한자를 하나의 서사 구조 안에 집어넣으려면 서사의 일관성이나 플롯의 짜임새에 문제가 생길 수 있다. 그럼에도 불구하고 〈태극천자문〉의 최종 목적은 1,000자의 한자를 학습하는 것이다. 한정된 틀 안에 많은 양의 정보를 넣어야 하는 문제는 상당수의 에듀테인먼트 콘텐츠가 안고 있는 애로 사항이기도 하다. 〈태극천자문〉의 경우 TV 애니메이션의 서사에 들어 있는 한자와 그 외의 한자를 학습할 수 있는 방안으로 카드 게임이라는 새로운 영역을 만들었다.

〈태극천자문〉의 천자문 카드는 매 회 TV 애니메이션을 통해 반복적으로 등장하였고, 호족과 용족이 대결하는 중요한 무기이다. 〈태극천자문〉의 캐릭터는 자신이 보유한 천자문 카드와 능력에 따라 사용할 수 있는 카드의 종류와 레벨이 다르며, 막강한 천자력을 소유한 자는 선계의 태극왕이 될 수도 있는 것이다. TV 애니메이션 〈태극천자문〉의 경우 등장하는 캐릭터가 자신의 천자문 카드를 반복적으로 사용하고 있지만, 카드 게임 〈태극천자문〉의 경우에는 수많은 천자문 카드를 모아야 하는 수집collection 기능이 추가된다. 카드 게임 〈태극천자문〉은 자신이 가지고 있는 천자문 카드의 종류가 많으면 많을수록 유리하기 때문이다. 따라서 카드 게이머들은 희소성이 있으면서 레벨이 높은 카드를 찾기 위한 경쟁심과 단순한 카드 대결에 몰입하면서 자신이 가지고 있는 천자문 카드의 한자와 갖고 싶은 천자문 카드의 한자를 학습하게 되는 효과를 가지게 된다.

〈그림 4.13〉의 좌측 그림은 TV 애니메이션 〈태극천자문〉에 나타난 행위소 모델이고, 우측 그림은 카드 게임 〈태극천자문〉의 행위소 모델이다. TV 애니메이션 〈태극천자문〉의 행위소 모델의 경우 주체는 태극수호대의 대장 라이인데, 그는 태극수호대, 호족 장로 등의 조력자와 함께 용황돌격대, 용황 디가 등의 적대자들을 물리쳐 선계의 평화를 얻고자 하는 욕망을 가지고 있다. 용황 디가와 끝없는 대결을 통해 선계수를 부활시키고 선계에

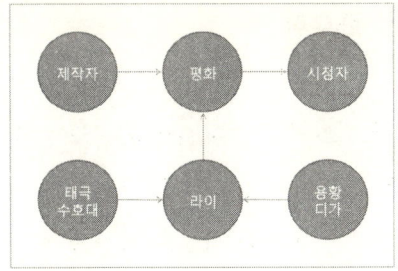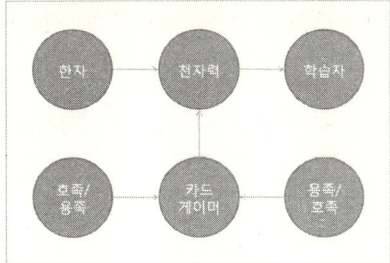

그림 4.13 TV 애니메이션 〈태극천자문〉의 행위소 모델(좌) 카드 게임 〈태극천자문〉의 행위소 모델(우)

행복과 평화를 되찾아오려는 추상적 가치를 욕망하고 있었다. 반면 카드 게임 〈태극천자문〉의 행위소 모델은 주체가 카드를 사용하는 게이머가 되고, 게이머가 선택한 종족에 따라 조력자와 적대자가 정해진다. 카드 게이머가 추구하는 욕망은 천자력 획득이고, 이것은 천자문 카드의 수집 욕구에 의해 발현되어 주체이자 수신자인 게이머는 한자를 학습하게 되는 것이다.

카드 게임 〈태극천자문〉은 TV 애니메이션 〈태극천자문〉이 미처 감당하지 못하는 수백 개의 한자 학습이 게이머들에 의해 스스로 이루어질 수 있도록 만들어 주고 있다. 반면 TV 애니메이션 〈태극천자문〉은 카드 게임 〈태극천자문〉의 기반적 서사로 작용하여 게이머들이 곧바로 카드 게임에 몰입할 수 있도록 만들고 있다.

이와 같이 TV 애니메이션 〈태극천자문〉과 카드 게임 〈태극천자문〉은 매체적 특성으로 인해 에듀테인먼트의 핵심 기능인 학습과 오락 중 한 쪽으로 편중될 수 있는 문제를 서로 보완해 주면서 각각의 매체에 충실한 역할을 수행해 내고 있다.

3. 스토리텔링, 새로운 세상을 꿈꾸다

디지털 기술의 발전에 따라 미디어가 진화하고 스토리텔링도 그에 맞춰 변화하고 있다. 과거에는 네트워크와 플랫폼 중심의 시대였다면, 지금은 콘텐츠의 시대이다. 스토리텔링은 여전히 새로운 세상을 꿈꾸며 변화해 가고 있고, 소비자도 이제는 능동적으로 스토리텔링 창작에 참여하고 있다.

가상현실(virtual reality) 체험을 통한 이미지 소비가 확대되고 있는 이 시대에, 우리는 가상공간과 실제 물리공간이 혼재하는 생활공간에서 살아가고 있다. 때로는 가상공간이 실제공간보다 더 실재하는 것으로 느껴지는 경우가 많다. 이러한 가상현실 체험과정에서 소비자들은 더 이상 수동적인 객체가 아니라 능동적인 주체로서 활동하는 경향이 있다. 온라인 게임의 경우, 게임 이용자는 일정한 틀 내에서 직접 스토리를 만들어가면서 게임을 즐기고, 생산자 및 소비자들과의 상호작용을 활발하게 추진한다. 생산자와 소비자의 합성어인 프로슈머(prosumer)는 10~20대의 인터넷 이용 계층으로 다른 사람이 생산해 낸 콘텐츠를 소비하는 동시에 직접 생산해 내는 것을 말한다. 이는 개개인이 자기 콘텐츠를 개발할 수 있는 디지털 기술의 급속한 발전에 기인한다. 2003년부터 등장한 세컨드라이프(seconde life)는 유저들에게 현실의 삶과 다른 제2의 인생을 살아갈 수 있게 하기 위한 플랫폼으로 유저들이 콘텐츠 창조에 능동적으로 참여한다.

여기에서는 스토리텔링의 새로운 세상으로 웹 만화와 에듀테인먼트를 살펴보았다. 때로 웹 만화는 정통 만화로부터 만화의 장점을 살리지 못한다는 이유로 비판을 받기도 하고, 에듀테인먼트는 놀이를 통한 학습이라는 목적의 진실성을 의심받기도 하지만, 여전히 스토리텔링은 새로운 세상을 꿈꾸고 있다.

웹 만화는 만화의 정체성을 잃지 않으면서도 디지털 미디어 기술의 특성을 반영하여 새로운 형태의 스토리텔링을 구현함으로써, 오늘날 독자적 장르로 존재하게 되었다. 다시 말해 웹 만화는 디지털 매체의 환경에 맞게 적응하면서 서사적 스토리텔링을 구현함으로써 각광받는 콘텐츠로 자리매김하고 있는 것이다. 또한 웹 만화는 변화된 환경에 맞게 내용도 변화되어야 독자로부터 외면당하지 않는다는 사례를 성공적으로 보여 준다.

에듀테인먼트 〈태극천자문〉은 그동안 에듀테인먼트가 가지고 있었던 학습과 오락의 적절한 균형 맞추기 문제에 대해 각기 다른 매체적 접근을 통해 상호보완적으로 해결하였고, 에듀테인먼트의 매체에 카드 게임이라는 영역을 새롭게 구축했다는 점에서 의의가 있다. 다만 앞으로 카드 게임에서 발생하는 자생적 스토리텔링에 대한 후속 연구과 〈태극천자문〉에서 일어나는 OSMU를 통해 〈태극천자문〉이 다수의 미디어를 이용하는 트랜스미디어 스토리텔링으로서 가능성에 대해 분석할 여지가 남아 있다.

스토리텔링은 여전히 변화하고 있다. 스토리텔링은 새로운 매체와 새로운 감성을 지닌 창조적 사람들에 의해 새로운 모습으로 우리에게 다가오려 한다. 뛰어난 기술이 스토리텔링 속으로 스며들 때, 기술과 이야기는 서로 시너지 효과를 낼 수 있다. 기술은 소비자에게 더 깊고 실감나는 체험의 세계로 안내하는 역할을 맡는다. 소비자는 스토리에 몰입하는 것이 아니라, 기술이 녹아 있는 스토리텔링에 열광하는 것이다. 〈슈렉〉의 제작자 카젠버그가 "디지털 시대의 핵심은 스토리텔링이다"이라고 말한 것처럼, 이 시대의 스토리텔링은 지금도 새로운 세상을 꿈꾸고 있다.

✗✗✗ 註

1) 이인화·고욱 외, 『디지털 스토리텔링』, 황금가지, 2003.

2) 로버트 맥기 저, 고영범·이승범 역, 『시나리오 어떻게 쓸 것인가』, 황금가지, 2002.

3) E. M. 포스터 저, 이성호 역, 『소설의 이해』, 문예출판사, 1996, p. 96.

4) 조남현, 『소설원론』, 고려원, 1995, p. 207.

5) 이상민, 「〈뱀장어 스튜〉와 '빈 집'에 나타난 탈근대적 주체」, 『문학과 영상』, 2005를 재수정하여 수록함.

6) 브라이언 아놀드, 브렌던 에디 저, 이윤진 역, 『비주얼 스토리텔링』, 커뮤니케이션북스, 2009, p. 3.

7) 이상민, 「〈뱀장어 스튜〉와 '빈 집'에 나타난 탈근대적 주체」, 『문학과 영상』, 2005를 재수정하여 수록함.

8) 네이버캐스트, 「한국영화계 전인미답의 발견 영화감독 김기덕」, 2009. 6. 22. (http://navercast.naver.com/korean/mobieperson/639)

9) 이상민, 「〈박쥐〉에 나타난 세 가지 시신」, 『인문과학연구』, 서강대학교 인문과학연구소, 2009를 재수정하여 수록함.

10) 로널드 보그 지음, 이정우 옮김, 『들뢰즈와 가타리』, 새길, 1996, p. 183.

11) 아니카 르메르, 이미선 옮김, 『자크 라캉』, 문예출판사, 1998, p. 105.

12) 주체가 형성되는 과정을 상상계와 상징계로 구분한 사람은 라캉이다. 그는 이 두 단계를 통해 주체의 생성 과정과 주체의 존재 구조를 살펴볼 수 있으며 욕망의 의미도 찾아볼 수 있다고 한다. 상상계에서는 자아와 대상만이 존재하며 자아는 중개자를 인식하지 못한다. 상상계의 본질은 이중관계, 거울 속의 반복, 의식과 의식의 타자 사이에 존재하는 직접적인 대립 관계이다. 라캉은 상상계의 특성인 직접적인 이중관계를 보여 주는 단계로 거울단계를 제시한다. 거울단계는 주체를 형성하는 기능에 의해 최초의 소외현상이 나타나기 때문에 매우 중요한 단계이다. 상상계를 거쳐 상징계로 들어선 아이는 어머니와의 직접적이고 거리감 없는 관계에서 벗어나게 된다. 아버지가 가족의 삼각형 구조를 확립하는 상징적 법으로써 작용하게 되면, 아이는 그 자신이 독립된 개체로서 욕망의 주체가 되는 것이다. 라캉은 상징의 차원이란 이중관계로부터 삼중의 중개된 관계로 전환하는 것이며, 이때 자아가 확실하게 존재하게 된다고 했다(아니카 르메르, 앞의 책, p. 105, 259 참조).

13) 어느날 아침 그레고르 잠자는 하나의 곤충이 된다. 들뢰즈와 가타리에 따르면 이것은 결코 은유가 아니다. 나아가 알레고리도 아니다. 그레고르는 다른-것이-됨의 과정, 제한으로서도 동화로서도 이해되서는 안 되는 하나의 과정에 참여한다. 들뢰즈는 『대화』에서 다른-것이-됨에 대한 뛰어난 설명을 제시하고 있다. 그는 말벌과 (말벌과 유사한 표지를 지니고 있는) 어떤 난초들 사이의 진화론적인 관계를 하나의 예로 사용하여 설명하고 있다(이 난초들은 꽃가루를 지니고 있는 말벌의 매개에 의해서만 재생산된다). 난초는 말벌의 형태를 하고 있는 것으로 보이지만, 사실상 난초의 말벌이-됨, 말벌의 난초가-됨이 존재할 뿐이다. 이는 각자가 되는 '그것'은 '그것'이 생성되는 만큼 변한다는 점에서 이중적인 교차이다. 말벌은 난초의 재생산 장치의 부분이 되며, 동시에 난초는 말벌을 위한 성적 기관이 된다. 이는 하나의 단일하고 동일한 생성, 하나의 단일한 생성의 장, 또는 레미 쇼벵이 말하듯이, '서로 절대적 관련을 가지고 있지는 않은 두 존재들의 비평행적 진화'이다. 사람에게는 개 또는 고양이의 역할을 하는 것으로 구성되어 있지 않은 동물이-됨의 심급들이 존재한다. 왜냐하면 동물과 인간은 오직 하나의 공통적인, 그러나 비대칭적인 탈속령화의 길 위에서만 만나기 때문이다(로널드 보그, 앞의 책, pp. 181~182 참조).

14) 이에 대해 라캉은 다음과 같이 말한다. '나는 거짓말을 하고 있다'라는 문장이 있다. 이 말은 물론 내가 하는 말이다. 그렇다면 자신이 거짓말을 하고 있음을 지켜보고 있는 또 하나의 '나'가 있다는 말이 된다. 이 말을 하고 있는 '나'와 언급된 '나', 즉 말하는 주체와 언급당하고 있는 주체는 다르다는 것이다. 말하는 '나'는 바라보는 주체요, 말해진 '나'는 바라봄을 당하는 주체이다. 거짓말을 하는 '나'를 바라보고 있는 '나', 즉 '나'라는 주체 속에서 바라봄과 보여짐이라는 두 개의 주체가 있다. 그래서 라캉은 '나는 생각한다, 고로 존재한다'라는 데카르트의 통합된 주체를 '나는 내가 생각하지 않는 곳에 존재한다'는 식으로 바꾼다. 바라보기만 하는 주체는 보기만 하는 주체로서, 보여짐을 당하는 주체를 상정하지 않은 셈이다. 보여짐을 모르는 주체는 왜 위험한가. 그것은 아직도 거울 단계에 있는 주체이기 때문에 대상을 실재라고 믿고 그것에서 벗어나지 못하기 때문이다(권택영, 『영화와 소설 속의 욕망 이론』, 민음사, 1995, p. 79 참조).

15) 이상민, 「『뱀장어 스튜』와 〈빈 집〉에 나타난 탈근대적 주체」, 『문학과 영상』 6권, 문학과 영상학회, 2005, p. 141.

16) 이상민, 「웹 만화, 디지털 미디어, 그리고 스토리텔링」, 임학순 외, 『만화와 문화산업 그리고 도시』, 북코리아, 2007을 참조하여 작성함.

17) Mark Cotta Vaz, *The Art of STAR WARS*, Pel Rey Book, 2002, p. 1; 이인화·고욱 외, 앞의 책, p. 138에서 재인용.

18) 이상민, 「하이퍼텍스트 문학에서 웹텍스트 문학으로」, 임학순 외, 『디지털 컨버전스와 문화콘텐츠』, 북코리아, 2006에서 재수정하여 수록함.

19) 게오르규 루카치 저, 심성완 역, 『소설의 이해』, 심설당, 1997, p. 29.

20) 배식한, 『인터넷, 하이퍼텍스트 그리고 책의 종말』, 책세상, 2004, pp. 58~100 참조.

21) 디어도어 넬슨, 『문학기계들』, 조지 P. 랜도우, 여국현 외 옮김, 『하이퍼텍스트 2.0』, 문화과학사, 2001, p. 14에서 재인용.

22) 정형철, 「하이퍼텍스트 픽션이란 무엇인가」, 이선이 편저, 『사이버문학론』, 월인, 2001 참조.

23) 조지 P. 랜도우, 앞의 책, p. 15 참조.

24) 질 들뢰즈, 펠릭스 가타리 저, 김재인 역, 『천 개의 고원』, 새물결, 2001.

25) 배식한, 앞의 책, pp. 103~119 참조.

26) 이에 대해서는 신범순, 「사이버 시대 시의 유령적 초상과 창조적 고민의 소멸」, 이선이 편저, 『사이버 문학론』, 월인, 2001; 임학순 외, 『디지털 시대, 예술과 기술의 상호작용 연구』, 정보통신정책연구원, 2005를 참고했다.

27) 자넷 머레이 저, 한용환·변지연 역, 『인터랙티브 스토리텔링』, 안그라픽스, 2001, pp. 80~102 참조.

28) 위의 책, p. 83.

29) 위의 책, p. 91.

30) Carolyn Handler Miller, *Digital Storytelling*, Focal Press, 2004, p. 64.

31) Ibid, p. 65.

32) 캐롤린 핸들러 밀러 저, 이연숙 역, 『디지털미디어 스토리텔링』, 커뮤니케이션북스, p. 53.

33) 헨리 젠킨스 저, 김정희원·김동신 옮김, 『컨버전스 컬처』, 비즈앤비즈. 2008.

34) 위의 책, p. 149.

35) 롤프 옌센 저, 서정환 역, 『드림 소사이어티』, 리드리드출판, 2005.

36) 이상민, 「웹 만화, 디지털 미디어, 그리고 스토리텔링」, 임학순 외, 앞의 책, 2007에서 재수정하여 수록함.

37) Henry Jenkins, *Will the Web Save Comics?*, Technology Review, 2005. (www. techologyreview.com)

38) 웹 만화의 매체적 특성이 연출에 미치는 영향에 대해 분석한 자료로는 다음의 논문을 들 수 있다.
    • 김영근·안성혜, 「디지털 만화의 인터랙티브 스토리텔링 구조에 관한 연구」, 『게임 & 엔터테인먼트 논문집』 2, 게임&엔터테인먼트학회, 2006, pp. 35~44.
    • 김치훈, 허영, 「칸 연출을 기반으로 한 인터랙티브 디지털 만화 연구」, 『한국콘텐츠학회논문집』 8, 한국콘텐츠학회, 2008, pp. 153~160.
    • 이종규, 「매체전환에 따른 디지털 만화의 제작체계에 관한 연구」, 세종대학교 석사학위논문, 2008.
    웹 만화의 스토리텔링에 대해 분석하고 있는 자료로는 다음의 두 편의 글을 들 수 있다. 강현구의 논문은 강풀의 장편만화의 성공을 탄탄한 구조를 지니고 있는 스토리텔링이 경쟁력을 가지고 있다고 본다. 강풀이 대중의 기호를 감지해 내는 특별한 시각을 가지고 있고, 뚜렷한 스토리라인과 구체적인 지향점을 가지고 있기 때문에 그의 만화가 완결성 있는 스토리텔링을 가지고 있다고 말한다. 이 논문에서는 강풀 만화의 스토리텔링에 대한 본격적인 고찰을 하고 있다는 데에 의의가 있지만, 이것이 매체와의 연관성 위에서 논의되지 못한 한계를 지닌다(강현구, 「강풀 장편만화 스토리텔링의 경쟁력」, 『인문콘텐츠학』, 인문콘텐츠학회, 2007, pp. 235~261). 한상정의 글은 강풀의 웹 만화는 재미있지만 출판 만화는 재미없는 이유를 웹과 출판이라는 독서 방식의 차이에 의한 것이라 설명하면서, 부가적으로 그의 작품이 연극으로는 성공했지만 영화로는 실패한 이유도 설명한다. 그 이유는 강풀 웹 만화의 스토리텔링은 웹이란 매체에 맞게 만들어진 작품인데, 이를 각색하면서 그 묘미를 살리지 못해 출판이나 영화로 옮겨졌을 때 재미가 반감되고 실패한다는 것이다. 이 글은 강풀의 만화가 여러 문화콘텐츠로 전환되면서 성공과 실패를 겪게 되는 이유를 각색 능력의 부재로 보는 것이다(한상정, 「강풀 만화책이 재미없는 이유」, 『실천문학』 봄호, 실천문학사, 2009, pp. 294~302).

39) 윌 아이스너 저, 이재형 역, 『만화와 연속예술』, 비즈앤비즈, 2009, p. 30.

40) 질 들뢰즈 저, 이정우 역, 『의미의 논리』, 한길사, 1999, p. 29.

41) 정한모, 『현대시론』, 보성문화사, 1996, p. 60 참조.

42) 강도하, 『위대한 캣츠비』 제2부, 애니북스, 2005, pp. 135~137.

43) 로버트 맥기 저, 고영범·이승범 역, 『시나리오 어떻게 쓸 것인가』, 황금가지, 2002, p. 334.

44) 주체가 형성되는 과정을 상상계와 상징계로 구분한 사람은 라캉이다. 그는 이 두 단계를 통해 주체의 생성 과정과 주체의 존재 구조를 살펴볼 수 있으며 욕망의 의미도 찾아볼 수 있다고 한다. 상상계에서는 자아와 대상만이 존재하며, 자아는 중개자를 인식하지 못한다. 상상계의 본질은 이중관계, 거울 속의 반복, 의식과 의식의 타자 사이에 존재하는 직접적인 대립관계이다. 라캉은 상상계의 특성인 직접적인 이중관계를 보여 주는 단계로 거울단계를 제시한다. 거울단계는 주체를 형성하는 기능에 의해 최초의 소외 현상이 나타나기 때문에 매우 중요한 단계이다(아니카 르메르 저, 이미선 역, 『자크 라캉』, 문예출판사, 1998, p. 259).

45) 상상계를 거쳐 상징계로 들어선 아이는 어머니와의 직접적이고 거리감 없는 관계에서 벗어나게 된다. 상상계 속에서 아이는 어머니가 오직 자기 자신만을 원하길 바라고, 어머니의 전부가 되고 싶어 한다. 그러나 아이가 어머니의 전부가 될 수 없고, 어머니의 욕망이 아이를 통해 완전하게 충족될 수 없기 때문에 이 관계를 분리시킬 중개자가 필요하다. 라캉은 이 중개자를 아버지의 '이름'으로 설정했다. 아버지가 가족의 삼각형 구조를 확립하는 상징적 법으로써 작용하게 되면, 아이는 그 자신이 독립된 개체로서 욕망의 주체가 되는 것이다. 라캉은 상징의 차원이란 이중(二重)관계로부터 삼중(三重)의 중개된 관계로 전환하는 것이며, 이때 자아가 확실하게 존재하게 된다고 했다(위의 책,

p. 105).

46) 상징계의 역할은 인간을 사회적·문화적으로 실현시키고 그의 성적·공격적인 본능을 정상화시키는 것이다. 이로 인해 상징계는 인간을 소외시키는 효과를 띠게 되고, 인간이 가지고 있는 공격성의 원인이 발견된다. 이 공격적인 행동에는 시기, 강한 질투, 실제적인 공격, 자아의 부정 혹은 다른 사람에 대한 치명적인 부정 등이 포함된다(위의 책, p. 266).

47) 고착은 욕망을 추구하게 만드는 의식이 한 사물이나 대상에 얽매여 움직이지 않고 고정된 현상이다(위의 책, p. 229).

48) 고착상태에 머물러 상황과 자신을 구별하지 못한 주체는 소외된 신경증 환자에 해당된다. 고착에서 벗어나 대상이 허구임을 깨닫고 다시 또 연기된 대상을 향해 가는 것, 대상으로부터 탈출하는 것, 끊임없이 대상에서 벗어나는 반복 없이 삶은 지속될 수가 없는 것이다(권택영, 『영화와 소설 속의 욕망 이론』, 민음사, 1995, p. 79 참조).

49) 이상민 외, 『옛 이야기와 에듀테인먼트 콘텐츠』, 제이앤씨, 2008에서 부분 재정리하여 수록함.

50) 백영균, 『에듀테인먼트의 이해와 활용』, 정일문화사, 2005, p. 67.

51) 한국정보통신기술협회, 『정보통신용어사전』. (http://word.tta.or.kr)

52) 김영순·백승국, 『문화산업과 에듀테인먼트 콘텐츠』, 한국문화사, 2008, p. 88.

53) 강심호, 『디지털 에듀테인먼트 스토리텔링』, 살림, 2005, p. 18.

54) 백영균, 앞의 책, pp. 82~84 참조.

55) 김경애, 「신성장 동력으로 부상하고 있는 에듀테인먼트 콘텐츠 산업 현황」, 『정보과학회지』 24권 2호, 2006, pp. 5~9 참조.

56) 안성혜·송수미, 『에듀테인먼트 콘텐츠 기획』, 커뮤니케이션북스, 2009, p. 9 참조.

57) 문화체육관광부·한국콘텐츠진흥원, 『2008 문화산업 통계』, 2009, pp. 329~354 참조.

58) 문화체육관광부·한국콘텐츠진흥원, 『2007 만화산업 백서』, 2008, p. 42.

59) 백영균, 앞의 책, p. 90.

60) 김영순·백승국, 앞의 책, p. 94.

61) 위의 책, p. 98.

62) 캐롤린 핸들러 밀러 저, 앞의 책, pp. 106~107 참조.

63) 위의 책, p. 185.

64) 위의 책, p. 186.

65) 이상민, 「에듀테인먼트 〈태극천자문〉의 스토리텔링 연구」, 『디지털 스토리텔링』, 디지털 스토리텔링학회, 2009. 8에서 재정리하여 수록함.

66) 〈마법천자문〉은 아울북 출판사에서 2003년 발간하여 2009년 6월까지 17권이 출간된 상태이다. 뮤지컬 〈마법천자문〉도 제작되어 공연되었고, 2009년 4월 〈마법천자문 DS〉를 발매하였다.

67) http://www.1000jamun.com

68) 김경용, 『기호학이란 무엇인가』, 민음사, 2003, p. 288.

69) 위의 책, p. 287.

ϟϟϟ 참고문헌

E. M. 포스터 저, 이성호 역, 『소설의 이해』, 문예출판사, 1996.
SBS 서울디지털포럼 편, 정보통신정책연구원 감수, 『제3의 디지털 혁명 컨
　　버전스의 최전선』, 미래M&B, 2005.
강심호, 『디지털 에듀테인먼트 스토리텔링』, 살림, 2005.
강현구, 「강풀 장편만화 스토리텔링의 경쟁력」, 『인문콘텐츠학』, 인문콘텐
　　츠학회, 2007.
게오르규 루카치 저, 심성완 역, 『소설의 이해』, 심설당, 1997.
권택영 편, 『욕망이론』, 문예출판사, 1999.
권택영, 『영화와 소설 속의 욕망이론』, 민음사, 1995.
김경애, 「신성장 동력으로 부상하고 있는 에듀테인먼트 콘텐츠 산업 현황」,
　　『정보과학회』 24권 2호, 2006.
김경용, 『기호학이란 무엇인가』, 민음사, 2003.
김영도, 「융합콘텐츠의 의미 생성 구조에 관한 연구 ― 이항대립 개념을 중
　　심으로」, 국민대학교 테크노디자인전문대학원 박사학위논문, 2008.
김영순 · 백승국, 『문화산업과 에듀테인먼트 콘텐츠』, 한국문화사, 2008.
김윤배 · 최길열, 『시각이미지 읽고쓰기』, 미담북스, 2005.
김종기, 『근대와 탈근대』, 서광사, 1999.
김진석, 『탈형이상학과 탈변증법』, 문학과지성사, 1992.
니꼴라 리우 저, 전형연 역, 『포스트모더니즘 사회와 광고 놀이』, 연극과인
　　간, 2003.
랄프 슈넬 저, 강호진 외 역, 『미디어 미학』, 이론과 실천, 2005.
로널드 보그 저, 이정우 역, 『들뢰즈와 가타리』, 새길, 1996.

로버트 리처드슨 저, 이형식 역, 『영화와 문학』, 동문선, 2000.

로버트 맥기 저, 고영범·이승범 역, 『시나리오 어떻게 쓸 것인가』, 황금가지, 2002.

문화관광부·한국콘텐츠진흥원, 『2007 만화산업 백서』, 2008.

문화관광부·한국콘텐츠진흥원, 『2008 문화산업 통계』, 2009.

백승국, 『문화기호학과 문화콘텐츠』, 다할미디어, 2004.

백영균, 『에듀테인먼트의 이해와 활용』, 정일문화사, 2005.

브라이언 아놀드, 브렌던 에디 저, 이윤진 역, 『비주얼 스토리텔링』, 커뮤니케이션북스, 2007.

서동욱, 『차이와 타자』, 문학과지성사, 2002.

수잔 기넬리우스 저, 윤성호 역, 『스토리노믹스』, 미래의창, 2009.

스콧 맥클루드 저, 김낙호 외 역, 『만화의 미래』, 시공사, 2001.

아니카 르메르 저, 이미선 역, 『자크 라캉』, 문예출판사, 1998.

안성혜·송수미, 『에듀테인먼트 콘텐츠 기획』, 커뮤니케이션북스, 2009.

엠마누엘 레비나스 저, 강영안 역, 『시간과 타자』, 문예출판사, 1998.

오길주 외, 『옛이야기와 에듀테인먼트 콘텐츠』, 제이앤씨, 2008.

요하임 패히 저, 임정택 역, 『영화와 문학에 대하여』, 민음사, 2002.

윌 아이스너 저, 이재형 역, 『만화와 연속예술』, 비즈앤비즈, 2009.

유진룡 외, 『엔터테인먼트 산업의 이해』, 넥서스BIZ, 2009.

이마무라 히토시 저, 이수정 역, 『근대성의 구조』, 민음사, 1999.

이명현 외, 『근대성과 한국 문화의 정체성』, 철학과현실사, 1998.

이상민, 「『뱀장어 스튜』와 〈빈 집〉에 나타난 탈근대적 주체」, 『문학과 영상』, 문학과영상학회, 2005.

이상민, 「〈박쥐〉를 바라보는 세 가지 시선」, 『인문과학연구』, 서강대학교 인문과학연구소, 2009. 6.

이상민, 「에듀테인먼트 〈태극천자문〉의 스토리텔링 연구」, 『디지털스토리텔링』, 디지털스토리텔링학회, 2009. 8.

이상민, 「웹 만화 『위대한 캣츠비』의 스토리텔링 구조 분석」, 『대중서사연구』, 대중서사학회, 2007.

이상민, 「웹만화의 매체적 특성과 스토리텔링」, 『한국학연구』, 고려대학교 한국학연구소, 2009. 6.

이인화 · 고욱 외, 『디지털스토리텔링』, 황금가지, 2003.

이진경 · 신현준 외, 『철학의 탈주』, 새길, 1999.

인문콘텐츠학회, 『문화콘텐츠 입문』, 북코리아, 2006.

임학순 외, 『디지털 컨버전스와 문화콘텐츠』, 북코리아, 2007.

임학순 외, 『만화와 문화산업 그리고 도시』, 북코리아, 2007.

임학순, 『문화예술교육사업과 파트너십』, 북코리아, 2007.

자넷 머레이, 『인터랙티브 스토리텔링』, 안그라픽스, 2001.

자크 라캉 저, 권택영 편, 『욕망이론』, 문예출판사, 1999.

장 보드리야르 저, 하태환 역, 『시뮬라시옹』, 민음사, 1993.

정한모, 『현대시론』, 보성문화사, 1996.

조르주 바타이유 저, 조한경 역, 『에로티즘』, 민음사, 2000.

존 실리 브라운 외 저, 박혜원 역, 『스토리 이코노미』, 살림BIZ, 2004.

질 들뢰즈, 펠릭스 가타리 저, 조한경 역, 『소수집단의 문학을 위하여』, 문학과지성사, 2000.

질 들뢰즈, 펠릭스 가타리 저, 최명관 역, 『앙띠 오이디푸스』, 민음사, 2001.

질 들뢰즈 저, 이정우 역, 『의미의 논리』, 한길사, 1999.

캐롤린 핸들러 밀러 저, 이연숙 외 역, 『디지털 미디어 스토리텔링』, 커뮤니케이션북스, 2006.

켄 S. 매컬리스터 저, 권경우 외 역, 『게임 – 언어와 권력과 컴퓨터게임 문화』, 커뮤니케이션북스, 2008.

클라우스 포그, 크리스티안 부츠, 바리스 야카보루 저, 황신웅 역, 『스토리텔링의 기술』, 멘토르, 2009.

피에르 레비 저, 권수경 역, 『집단지성』, 문학과지성사, 2007.

한국콘텐츠진흥원, 『2006년 에듀테인먼트 국내 시장 조사 연구』, 2007.

한상정, 「강풀 만화책이 재미없는 이유」, 『실천문학』 봄호, 실천문학사, 2009.

헨리 젠킨스 저, 김정희원 · 김동신 역, 『컨버전스 컬처』, 비즈앤비즈, 2008.

헨리 젠킨스 저, 정현진 역, 『팬, 블로거, 게이머』, 비즈앤비즈, 2008.

Andrew Glassner, *Interactive Storytelling*, A K Peters, 2004.

Carolyn Handler Miller, *Digital storytelling*, Focal press, 2004.

Chris Barker, *The SAGE Dictionary of Cultural Studies*, SAGE, 2004.

Henry Jenkins, *Will the Web Save Comics?*, Technology Review, 2005.

Jason Ohler, *Digital Storytelling in the Classroom*, Corwin Press, 2008.

Jenkins Henry, *Convergence Culture*, New York University Press, 2006.

Shilo T. McClean, *Digital Storytelling*, MIT Press, 2007.

http://cartoon.media.daum.net

http://navercast.naver.com/korean/movieperson/639

http://word.tta.or.kr

http://www.1000jamun.com

http://www.cine21.com/Article

http://www.ilikedalki.com

http://www.thirst-2009.co.kr

http://www.amazon.com

http://www.jumpstart.com

http://www.kutoka.com

http://www.magictcg.co.kr

http://www.nbc.com/Heroes/novels

http://www.techologyreview.com